企业经营的最高境界是资本运作
资本运作的最高境界是人生运作

要有高级资本观：
让资本围着人转，成为资本的主人，而不是资本的仆人；
要成为别人的资本，别人做事业，离开我不行；
事业强大，有我才完整。

——"股权资本"书籍价值

"商业重塑·资本"课程全国巡讲

服务30万+的中小微企业

《股权资本》

本书凝聚了作者走访上万家、投资152家、辅导上市17家企业的实战经验。
本书通过五大篇章，诠释资本的操作，带着大家推开资本的大门。

资本并非单独存在，必须五位一体，结合应用

资本与战略：战略让资本加速增值，资本让战略加速实现。
资本与股权：内部分配股权，外部运作资本。
资本与投资：资本是投资的前提，投资是资本的手段。
资本与融资：资本是船，融资是帆。逆境中分股，顺境中融资。
资本与上市：资本让企业上市，上市让企业获得更多资本。

第122届上海"商业重塑·资本"课程培训现场

民营企

第一是"转"——往哪里"转"

深圳三藏智投咨询管理有限公司 企业代码：368294
挂牌展示成功

贺！深圳三藏智投咨询管理有限公司挂牌展示成功！
企业代码：368294

科技——整合

"商业重塑·资本" 往届课程合影

服务国内外30万+中小微企业

餐饮行业

地产行业

电气行业

电子科技

环保行业

建筑行业

生产制造

海外项目

股权资本

臧其超　著

中国商务出版社

·北京·

图书在版编目（CIP）数据

股权资本／臧其超著. --北京：中国商务出版社，2024. 3

ISBN 978-7-5103-5111-2

Ⅰ.①股… Ⅱ.①臧… Ⅲ.①股权管理—研究 Ⅳ.①F271. 2

中国国家版本馆 CIP 数据核字（2024）第 041523 号

股权资本

臧其超　著

出版发行：中国商务出版社有限公司

地　　址：北京市东城区安定门外大街东后巷 28 号　　邮　　编：100710

网　　址：http://www.cctpress.com

联系电话：010—64515150（发行部）　　010—64212247（总编室）

　　　　　010—64515164（事业部）　　010—64248236（印制部）

责任编辑：徐文杰

排　　版：北京天逸合文化有限公司

印　　刷：深圳市和兴印刷发展有限公司

开　　本：889 毫米×1194 毫米　1/32

印　　张：7. 25　　　　　　　　字　　数：182 千字

版　　次：2024 年 3 月第 1 版　　印　　次：2024 年 3 月第 1 次印刷

书　　号：ISBN 978-7-5103-5111-2

定　　价：89. 00 元

序

推开资本的大门

资本的大门很难推开，比股权的门还要难，比管理的门难得多，比销售的门难太多。

学习资本，研究资本，运作资本，可以跟着我的思路，率先找到资本这扇门，然后摸到"门把手"，在"门把手"上用力，才可以推开资本的大门。如果用蛮力冲门，是冲不开资本大门的。销售可以从量变到质变，进而攻克大门。管理可以从积累到升级，假以时日必然可以入门。但资本无法从积累到升级，无法用大量时间琢磨出资本的门道。

所以，我借助二十年的资本经历，带着大家走到资本门前，摸到资本的"门把手"，用巧劲推开资本大门，这就是撰写本书的目的。

打开资本大门，升级才刚刚开始。"门"里有三种升级方式，一是"电梯"，可以快速到达顶层，这条路适合金融专业人士。二是"扶手梯"，缓步向上，这条路适合金融从业人员。三是"楼梯"，一步一个台阶走上去，这条路适合对金融感兴趣的读者、学习者、研究者。不论你是哪一类人，这本书都值得放在你的案头学习。

现在，我们先来寻找资本的"门把手"，我会从三个方向、九个维度来阐述，一起进入资本大门。

资本有三个角色，甲、乙、丙。资本有三个层次，上、中、下。资本有三个阶段，前、中、后。

1. 资本甲乙丙——对三方角色的看法

资本运作，主要涉及三方角色：企业方、用户方、资本方。

许多企业的主要精力就是寻找用户，把产品销售给用户，把服务提供给用户，或者建设一个平台提供服务。如果需要快速发展，就需要引入资本方。

因为资本比较强势，只要出现，必能占上风。寻找的资本，可以称为丙方。资本进入，就不能称为丙方了。

在资本运作的过程中，要厘清三方关系，认清三方利益。三方确实是紧密关系，但不是亲密关系。

当企业出现危机，资本方不会承担风险，他只会变卖你的资产，变更企业的信息。甚至会把创始人、联合创始人、股东排除，然后把企业变成资本方控制。

能站在同一战线，但不是共进退的战友；不是共担风险的战略伙伴，而是带有博弈的关系；可以同享福，不能共患难；可以同呼吸，不能共命运。这就是三方关系。

2. 资本上中下——关于三个层次的说法

资本运作有三个层次，由浅入深，由简到繁。涉及的条款由简单到复杂，涉及的时间由短期到长期，涉及的人员由少数到多数。

第一层次是资金融通，不管是银行贷款、民间贷款、股权融资，都是为了资金融通。融资的过程中，对方会前来考察、调研、评估，如果决定投资，一般不超过3个月，资金就可以到位了。最快一周时间，就可以融资。

如果是知名企业、知名企业家，一旦透露出资金需求，很快就有人"送钱"了，因为信任。如果企业透露增资扩股的消息，也很快就有投资人、银行、金融机构过来"送钱"。但是对于不知名的企业而言，融资还是非常困难的。

资金融通，相对来说比较简单，涉及人员也不多。

第二层次是资产整合，涉及资产重组，企业并购、收购、兼并、分拆，还有企业托管。这时涉及的不仅是资本，还有人员调配、财务调整。

资产整合，少则半年，长则三年。整合期间，工商信息会变更，服务平台和数据库都要更新。比如美团收购摩拜单车，收购过程中，单车有变化，从小红车变成了小黄车。扫码用车的入口有变化，从摩拜变成了美团。工作人员有变化，办公地址有变化，营业执照信息也有变化。这一系列的操作，会耗费大量时间来调整。

资产整合，相对来说比较复杂，涉及的人员也非常多。

第三层次是资本运作，包括 IPO，上市，退市，退市以后重新上市等。其间会经历多轮审核、审查、评估环节。会涉及第三方的会计事务所、律师事务所、证券交易所。同时还要对外披露相关信息，因为上市公司和将上市的公司有责任对外公布重要消息，包括股权变更、高管变更、战略调整。上市公司内部也有相应的部门，主动向媒体展示一些信息。在资本运作阶段，企业的每一个行为、每一个活动、每一次促销、每一个广告，都会被媒体和自媒体放大，稍有不慎，就会被过度解读，造成市值动荡。

资本运作，是资本的高端操作。整个过程无论成败，都会耗费巨大的费用。有的企业经过资本运作，会让资产倍增、名声倍增。有的企业经过资本运作，会让资产萎缩、名誉扫地。所以到了这个层次，要审时度势，权衡利弊，谨慎做好每一个决策，认真分析每一个可能出现的风险（可能出现的风险，往往都会出现。假想的危机，往往会成真。这是资本领域的墨菲定律）。

3. 资本前中后——在三个阶段的打法

在资本运作之前，就要有资本意识。

经营企业，如果是产品型企业，就要先做好标准化。如果是制造型企业，就要先做好流程化。如果是服务型企业，就要先做好细节化。如果经营门店，就要先做好复制化准备。

经营企业，资本未动，意识先行。做好标准化、流程化、细节化、复制化，不仅是为了更好地经营，也是为了融资做铺垫。一旦做到，资本方也会主动上门。毕竟，资本方也在积极寻找有潜力的公司。而且资本方非常明白，越早介入，收益越大。介入得晚，就只能"喝汤"。

处于资本运作之中，要有战略意识。

许多企业家，没有高学历，没有精英教育，不知企业战略的重要性，对愿景、使命、价值观的理解不深刻，只是一心想着服务客户，每天就是抠细节，最终做成长寿企业。所以，不要逢人就讲战略，伟大的公司必有明确的战略，但成为伟大公司之前，未必有战略。

到了资本阶段，企业战略才是必需品。企业战略就像手机一样，要随时带在身上，随时看一看。每一个决策，都要看是否符合企业战略。顺应企业战略的事，是先胜而后战，可以先支出后回报。违背企业战略的事，千万别做。比如手机公司做起了地产，空调公司做起了汽车，汽车公司做起了区块链，最后消失在公众视野。

进入资本运作之前，要把"资本"这门功课补上。进入资本运作之中，要把"战略"这门功课补上。

进入资本运作之后，要步步为营，张弛有度，持之以恒。

经营企业就是经营人，投资企业就是投资人。资本最终起效，靠的就是一伙人，一条心。一伙人不要轻易散去，不要因为利益而争斗，不要忘记创业的初心，要稳扎稳打，步步为营。稳中求进，张弛有度。滴水穿石，持之以恒。

　　是为序。

臧其超

2024 年 3 月

目 录

CONTENTS

1

第 1 章
资本与战略

第1节

何以创富？唯有资本

为什么说起土豪，会想到家里有矿的富二代？出门就是豪车，走着豪横的路线。为什么说起富豪，会想到上市公司的大老板？出行低调，但是经常上新闻头条。为什么说起资本，会想到吸血鬼？这其实是二十多年来形成的印象，要是问谁是土豪，身边就有很多案例。问谁是资本家，会想到西方的财团，以巴菲特为代表的一群人，这群人富可敌国，他们就像台风一样，所到之处，摧枯拉朽，把钱卷走，留下满目疮痍。

资本家可以翻手为云，覆手为雨，因为他们除了有钱，有一些社会关系，还掌握着金钱流动的规则，甚至是货币发行的规则，这就是大资本家的厉害之处。我国没有出现这么大的资本家，只有一些大企业家，他们的企业有海量的用户，可以与之抗衡。比如，我们有微信、抖音、拼多多、携程、滴滴，这都是有着海量用户的公司。而西方的大财团、大资本家，他们因为近年来经济下行，其实财富也在缩水，他们所引发的财富效应已经减弱了。

以上是对资本家和企业家的初步区分，能成为资本家或企业家的人，有一个共同的特点，就是拥有顶层设计的能力和权力。

资本家可以设计和改变资本市场的规则，企业家可以设计和改变用户行为的规则。比如咱们的微信，发消息可以在 2 分钟内撤回，有时候消息发出 5 分钟，才发现这条消息有问题，需要撤回，但规则不允许撤回。之后，企业微信就改变规则，1 小时内都可以撤回消息。这就是规则，改变一个规则，就能改变 10 亿用户的行为。

滴滴打车和神州租车也经常改变规则，比如，滴滴打车可以根据司机的分数，优先推送优质用户。优质用户就是几乎没有投诉的用户，经常给司机打好评的用户。神州租车会根据司机的评分和评级，使星级高的司机优先获得订单提示。这可以保证，司机星级越高，服务越好，接的打车订单就越多。和大家说得这么细，就是为了说明，我们的企业家可以用海量用户改变人的行为，改变社会行为。这是西方资本家无法做到的，这也根本不是有巨量财富就可以做到的。微信活跃用户有 12 个亿，哪怕用 1200 亿元开发一款软件，也无法获得这么多的用户，所以，我国的企业家，之所以能和西方资本家较量一下，就是因为拥有用户行为的规则制定权。

我国有三款软件在美国也大受欢迎，海外版的微信、海外版的抖音、海外版的拼多多，这些软件名称当然是英文了，海外的微信名叫 WeChat，海外的抖音名叫 TikTok，海外的拼多多名为 Temu，除此之外，还有海外的快手名为 Kwai，海外的美团名为 KeeTa。

我国这些软件在美国大受欢迎，远远超过当地同类的软件，原因不是这个 App 好用，而是 App 里附带的规则好用。我国开发的 TikTok，美国人也一样玩得不亦乐乎，一天刷四五个小时，根本停不下来。海外版拼多多 Temu，美国人也一样喜欢，也在上面抢购 9.9 元的产品。可见，只要手中有规则，就能夺取海量的市场。

　　而西方顶级的财团，可以改变金钱的流动规则，还有货币的汇率和资本的规则。进一步讨论，资本为什么可以改变规则，增加财富呢（见图1-1）？

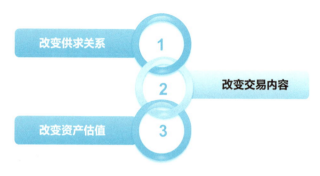

图1-1　资本的三大规则

一、改变供求关系

　　"供求关系"这个词有点难以理解，其实这是马克思的《资本论》里的话。供求关系，即社会提供的全部产品、劳务与社会需要的关系。这种关系包括质的适应性，量的平衡性。社会上生产的全部产品，互相都有供给关系，互相也有制约关系，互相还有需求和满足的关系。这些社会关系良好，就能推动经济发展。如果研究资本，就必须研究供求关系。如果研究经济学，前提也是明白各种供求关系。

　　供求关系是社会运作的关系，你想想，谁能设计这种关系？他的财富是不是很丰厚？如果在普通的买卖交易之外，有更高级的设计，让更多的人参与进来，那这个财富是不是会更多呢？比如，一个菜市场，有卖菜的、卖肉的、卖鱼的，人们进来自由购买，点对点产生交易，这与资本家的关系就不大，他们也不会把心思花在这种交易方式上。

资本家的眼睛会盯着哪里呢？哪里钱多就盯着哪里，上市公司有钱，他们就去改变上市的规则。上市本就是设计出来的市场行为，上市以后发行股票，还有股票流通和交易规则，这也是设计出来的。设计这些规则的人，他们的财富是不是远远大过设计菜市场的人呢？同样，设计了整个上市流水线的人，除了对一些交易漏洞进行改善外，还要改变里面的规则，为了让更多的人参与进来，为了让财富更多，为了适应社会行为的变化。总之，掌握了设计规则，就掌握了财富大门的钥匙。

这是资本的底层逻辑，有了这些基础，上市的许多细节就可以用通俗的大白话来解释了。比如一家企业是经营电脑的，他们的本业就是向社会提供电脑。卖一台赚一台的钱，有了钱可以制造更多的电脑，就是这样平凡的发展，当年的企业就是这样的模式。电脑企业能不能靠生产电脑提高竞争力？能不能靠大量销售提高利润率？

答案是不可以，财富的事不能用"左手造物，右手卖货"的思路，这样的企业是经不起考验的。所以才要上市，发行股票。有了股票，资本方可以购买，普通股民也可以购买，这样规则一变，就可以用社会上的钱，快速扩大经营。如果没有资本市场的钱，单靠生产加销售，销售再生产，那起码要五年甚至十年才能做大。在这个过程中，早就被同行超越了。所以企业做到一定规模，就会去寻求上市。哪怕不上市，也要接受供求关系和运行规则。

华为虽然不上市，但他们内部的财富流动是按上市的逻辑来运行的，并且比上市公司的财务更加严谨。世界四大会计师事务所，华为就请过三家给他们设计财务运作规则。老干妈不上市，那是因为陶华碧本人的坚守。当她真正退休，说不定就上市了。

因为就算你不跟随规则，规则也会改变你。

二、改变交易内容

普通人的思维，要赚钱就是卖产品。要赚很多钱，就是招更多的人，造更多的产品，卖给更多的人。如果问什么是销售，普通人就会回答一句：销售就是把产品卖出去，把钱收回来。什么是营销，就是把产品亮出来，让别人主动来买。

话说得很傲娇，却是普通思维。讲这话的人所在的会议现场，有哪些人在参加？有土豪还是巨富，有富一代还是富二代，有企业家还是资本家？但凡手里有一点钱的人，会听这样的讲话吗？会参加这个层次的活动吗？当然不会，卖得再多也只是买卖思维，这是难以"暴富"的。讲这种话的人，即所谓的导师，他自称很有钱，但我们稍加思考，一个产品能有多少利润？如果产品利润很高，企业家排行榜上为什么没有他？如果利润很高，市场监管和相关执法部门会不管吗？

如果产品利润不高，那就不值得卖了，因为很难发财。而且有着这种买卖思路的人，只要创业，就会被拼多多打趴下。

何以"暴富"，唯有资本。要从卖产品转向卖股票。卖股票的思维，就是典型的资本思维。如果你开了养鸡场，卖一只鸡就少一只，卖光以后会获得一定的财富，这是可以估算的。如果你是卖鸡蛋的，这个模式就更好一点，因为鸡蛋是可以再生的，利润空间就会更大一些，但是鸡蛋的数量终归还是有限的。一年的鸡蛋，最多就是鸡的数量乘以365，也就是一天一颗蛋，满打满算，利润有限。

如果你卖鸡蛋的股票，卖得越多，财富越多。股权代表着公司的所有权，卖出股权意味着将公司的部分所有权转让给新的股东。通过卖出股权，原始股东可以获得一笔资金，这可以帮助他们实现投资回报或筹集资金进行进一步的投资，比如扩大养鸡规模、引进先进的养鸡技术、购买一些自动化的喂养工具。像这样扩大规模、提高了效率、改进了质量、提高了单价，甚至变成一个视频拍摄基地，就可以带来更多的收益。

三、改变资产估值

一个企业或事业，一个公司或组织，到底值多少钱？难以估计，而且不同的估值方式得出的结果完全不同。企业一般有三类资产，一是有形的，二是无形的，如服务、专利、人际关系，三是消费者印象。如果企业消失了，消费者却还记得，那这个企业在消费者心中其实还是存在的（见图1-2）。

1. 有形的资产 **企业主要的三种资产** 2. 无形的资产

3. 消费者的印象资产

消费者记得你，就是你的资产

图1-2　企业有三类资产

先看有形的资产，一般来说小公司是租的办公楼，其有形的资产一般不值钱，我们经常见到写字楼里的公司搬家时要卖桌子、椅子、电脑，根本卖不了几个钱。如果有自己的物业，或者自己有一片土地，那就值钱了。所以许多公司，会买一层楼或一栋楼，作为固定资产，这样的资产在一线城市，不容易贬值。更有实力的公司会买一片地，在上面盖出一个产业园，这样的资产就更值钱了。甚至这片地比他卖出的产品更加值钱。

　　有形的资产虽然复杂，还是容易估算的。无形的资产不容易估算，比如安卓操作系统属于谷歌，但是这套操作系统中，有几个专利技术是用了微软的。安卓每年都要给微软专利使用费，仅这笔费用就价格不菲。华为一年会支付许多专利技术使用费，但华为本身拥有几十万种专利技术，也会授权给其他公司，获得专利技术使用费。这都是无形资产，这些资产可以让企业走得更久。

　　第三类资产，消费者的印象，也就是品牌资产。

　　品牌也分好坏，不是说有品牌就成功了。社会上每一类产品，都有一系列品牌。消费者有广阔的选择空间，多一个品牌少一个品牌，根本不受影响。哪怕自己是某一个品牌的拥趸，当这个公司倒了，产品停产，可能会伤心几天，过一段时间也就淡然了。毕竟没有取代不了的品牌。

　　曾经有一位朋友，酷爱小红点的笔记本电脑，就是早年IBM生产的，之后被联想收购，这个设计一直延续着。因为这个小红点，他也非常认可，每次更换都选这款笔记本。后来联想公司创新，把这个小红点取消了，他心里的品牌意识瞬间消失，之后再也不选这个品牌。所以，没有取代不了的品牌，只要脱离人们的视野、不被使用，很快就会消失。

　　有形的资产容易估值，无形的资产不容易估算，消费者心中的品牌价值更难以估值。但越是难以估值，所带来的资本财富就越多。所以，人们常说，三流企业卖产品，二流企业卖标准，一流企业卖品牌。这说的是底层逻辑——估值的算法不同，导致了卖产品不如卖标准，卖标准不如卖品牌。

　　何以暴富？唯有资本。资本家为什么可以暴富？主要是掌握了规则设计权，而且这些位于顶端的人，也明白设计规则的重要性，所以他们会不惜一切代价，把这个权利牢牢抓住，并且传承下去，不落入外人之手。

具体如何改变资本规则，有三个原则，一是改变人们的供求关系，供求关系不要从买卖和产业链的层面去理解，要从经济学层面去理解。二是资本规则，可以改变交易内容。普通交易卖产品，高端交易卖股权，只有股权可以让利润暴增。三是资本规则，可以改变资产估值。在估值这个板块里，有三个档位的资产：有形资产、无形资产、品牌资产。有形资产除了土地和楼宇，都难以保值。任何一条先进的流水线，只要几年不去使用，要么会生锈，要么会过时。无形资产是财富之源，比如专利技术，这会源源不断地生出财富。然后是品牌资产，这就要看能经营多少用户，用户越多，财富越多。

第 2 节

资本的历史变迁：从古至今的演进与影响

资本，作为一种重要的经济元素，始终在人类社会的发展进程中扮演着举足轻重的角色。从最初的物质资本形式，如土地、牲畜，到现代的金融资本，如股票、债券，资本的形态不断演变，其背后的推动力量以及产生的影响也日益复杂。

在古代，资本主要为物质资本的形式，如土地、牲畜等。这些资本形式对当时的社会经济发展起到了关键的推动作用，特别是在农业和畜牧业等领域。当时，资本的积累和运用尚未形成规模，主要服务于个体的生产和经营活动。在这个阶段，资本的作用范围相对较小，对整个社会的影响也有限。

在经济发展的长河中，资本运作无疑是一种不可或缺的力量。它是企业获取资金，扩大规模，提高竞争力的重要手段。

要研究资本，首先要回溯历史，找到资本的起源，观察整个资本变迁，看过去的运作逻辑，用于今天的商业实践。在深入探讨最早的资本运作之前，我们首先需要理解什么是资本运作。

简单来说，资本运作是指企业通过各种方式对自身资产进行优化配置，以实现利益最大化的过程。这个过程包括融资、投资、并购、重组等一系列活动。资本运作的核心目的，是提高企业的经济效益和竞争力。

随着工业革命的来临，资本的形态开始发生转变。机器设备、工厂等形式的资本逐渐成为主流，这些资本主要为工业生产服务。与古代相比，工业资本的规模大幅增加，并且开始集中化、组织化。这一阶段，资本的作用不断扩大，成为推动社会经济发展的关键力量。

然而，资本的形态并未就此止步。19世纪末和20世纪初，金融资本开始崛起。股票、债券等金融工具的出现，使资本的流动性大大增强，同时也极大地提高了资本的利用效率。这个阶段，资本开始高度集中，形成了大量的金融寡头和垄断集团。

资本的历史变迁不仅表现在形态上，更重要的是其对经济、社会和文化的影响。首先，资本的积累和运用极大地推动了经济发展。从农业到工业，再到服务业，资本在不同产业领域的投资和运营都为经济的繁荣做出了重要贡献。其次，资本的变迁也深刻地改变了社会生产方式。从手工劳动到机器大行其道，再到如今的自动化和智能化生产，资本的力量在其中起到了决定性的作用。最后，资本的演进对文化传承也产生了影响。随着资本的规模和影响力不断扩大，其对文化产业的投资和经营也日益增多。这不仅丰富了文化产品的多样性，也使文化的传播和传承更加广泛和高效。

为了更直观地展示资本历史变迁的影响，我们可以举几个案例来看。

案例一：J. P. 摩根公司融资

最早的资本运作，要追溯到 19 世纪末和 20 世纪初的美国。当时，随着铁路、石油、钢铁等产业的迅速发展，资本运作应运而生。其中最具代表性的是 J. P.摩根公司。J. P.摩根公司是当时美国著名的投资银行，其主要业务包括为企业融资、发行股票和债券等。

1895 年，J. P.摩根公司成功地为一家铁路公司筹集了 1 亿美元的资金，这是美国历史上第一次大规模的私募股权融资。这次融资事件标志着资本运作作为一项专业的金融业务，开始在美国崭露头角。

从这个案例中不难发现，最早的资本运作就是一笔投资，逻辑虽然简单，却为后来的复杂操作奠定了基础。随着经济的发展和市场的演变，还有企业诚信问题、法律问题，资本逐渐变得多元化、复杂化，参与机构也多元化。参与方越多，资本的运作就越复杂。当然，涉及的金额可能越大。但是无论形式如何变化，资本运作的本质始终是优化资源配置，提高企业经济效益和竞争力。

案例二：特斯拉公司融资

特斯拉公司通过大量的研发投入和技术创新，成功积累了大量的知识产权资本。这些资本不仅为公司创造了巨大的经济效益，同时也推动了电动汽车产业的发展。此外，特斯拉公司还通过股票发行和债券发行等方式筹集资金，进一步扩大了公司的资本规模。这些资本的运用帮助特斯拉公司在关键时刻实现了技术突破和市场拓展，使其成为全球领先的电动汽车制造商。

案例三：深圳一家咖啡馆的资本运作

有一家咖啡馆，位于深圳市中心，主打高端咖啡，它的装修风格尽显高端大气。开业一年，已经在市场上树立了良好的口碑，并且已经获得一部分铁杆粉丝。然而，由于市场竞争激烈，一家高端咖啡店出现，周边就会出现第二家，然后形成直接竞争。尤其在市中心这一带，开高端门店是好多老板的想法，只不过他们暂时在观望。只要有一家能成功开业一年，就会有第二家跟进。

在深圳这样的城市，高端咖啡店不怕多，因为有大量配称的人群，他们在谈生意、谈业务或者约会时会首选咖啡厅。而且也不怕价格高，只要不是太夸张的价格，基本都可以生存。曾经有一家蛋糕店，里面有一款蛋糕，售价 1314 万元，这就不属于高价，这是典型的天价。最后这家蛋糕店以关门收场。

说回这家咖啡店，要想获得竞争力，就要提高品牌影响力。要有影响力，不是扩展门店，而是多开门店。单店不可能扩展，周围也没有扩展的空间，因为这是寸土寸金的地段。只有多开门店，才会形成势能。而且只有多开门店，才可以吸引融资。单店经营，难以吸引融资，难被投资人看上。

因此，开店前要做好规划，把未来可能选址的地段标示出来，把开店所需要的成本计算出来，并且建立统一的装修风格、标准化的服务、标准化的口味、标准化的人文理念，并且向投资者们展示门店的潜力和可预期的回报，从而获得投资者的信任和支持。

通过这些早期的知名的资本运作，可以看出资本的重要性。从古代的物质资本，到现代的金融资本，还有未来的价值资本，资本的形态不断演进，其背后的推动力量以及产生的影响也日益复杂。

但是我们不用焦急，不用茫然。历史不会重演，规律必会重现。过去的资本精髓，会给我们带来巨大财富。过去的许多资本陷阱，也一定会在我们前方出现。我们可以以史为镜，取其精华，避免陷阱，从中总结出几条原则。

首先，资本运作必须遵循市场规律，以市场需求为导向。其次，资本运作需要掌握灵活的投资策略，以应对市场变化。再次，资本运作还需要注重风险控制，确保资金安全。最后，资本运作需要建立有效的信息渠道，以获取及时、准确的信息，帮助企业做出明智的决策。

第 3 节

从不同角度切入了解资本

资本是一种能够带来收益的资产或资源，用商品或服务为相关持有者创造财富和收入。这是学术角度的解释，其实好多人看到这话，都是云里雾里。

这一节，我们就从不同的角度来了解资本，把资本像苹果一样，从不同角度切开，看看里面到底有什么。

按运营人群分类：投资人、被投资人。

按形式分类：有形资本、无形资本。

按变化性分类：不变资本、可变资本。

按时间分类：流动资本、固定资本。

按存在形式分类：货币资本、实物资本、金融资本等。

按所有制关系分类：个人资本、集体资本、国家资本、外来资本。

按行业分类：工业资本、农业资本、服务业资本、信息资本等。

按所有权分类：股本、债务本、自有资本等。

按运营方向分类：直接投资资本、证券投资资本、银行借贷资本、保险资本等。

按存在形式分类：货币资本、实物资本、金融资本、人力资本、产业资本、商业资本、社会资本、银行资本、文化资本。

虽然分类方式比较多，但大部分的分类一看就懂，只要将几个核心的分类方式读懂，就可以理解资本的全部内涵。

就像把人分类，可以分为男人女人，老年中年青年，还可以按星座分类、按血型分类，这都是便于理解的分类方式。实际上，运营人和管理人，会将人从性格角度来分类，这就比较复杂了。所以，有十年工作经验的人力资源总监或集团的工会主席，都是特别懂人的，他们在脑中判断人，会叠加至少五种分类方式，综合在一起判断，所以能把人"拿捏"得非常准确。比如公司有一个人闹情绪，有经验的人力资源总监看一眼就明白其中缘由。这位同事现年 45 岁，有家有室，有房无车，晋升过两次，没有股份，涨过一次工资，酒量一般，下班基本按时回家。由此判断，他闹情绪，肯定不是单方面的问题，要看具体发生了什么事。并不会因为闹情绪，就简单地把他开除。

资本的识别和运营同样如此，比如要投资，不能只判断一个要素就盲目投资。有些项目是赶上了趋势，但是创始团队能力不足，被后起之秀超越了，最终投资血本无归。

以下对主要的分类方式进行解读。

一、按运营人群分类

按运营人群分类：投资人和被投资人。这容易理解，投资人是出钱的一方，被投资人是拿钱的一方。

二、按形式分类

按形式分类：有形资本和无形资本。有形的就是实物形式存在的资本，比如公司固定资产、产品、设备等。无形资本，比如专利权、商标权、著作权等。

三、按变化性分类

按变化性分类：不变资本和可变资本。

不变资本是指在生产过程中用来购买生产资料（如机器、设备、原材料等）的资本，这些资本在生产过程中不发生价值增值。可变资本会因劳动力的劳动而创造新的价值，实现价值增值。

例如，公司购买了一台价值 100 万元的机器，这台机器在生产过程中磨损、消耗，但它的价值在生产过程中并未增加，因此这 100 万元是该工厂的不变资本。而该工厂用于支付工人工资的资本则是可变资本，工人的劳动将创造新的价值，并为公司带来更多的利润。可变资本具有创造新价值的潜力，但同时也具有风险。

不变资本是企业稳定生产的保障，而可变资本则是企业实现利润增长的关键。

四、按时间分类

按时间分类：流动资本和固定资本。

流动资本是指可以在一个营业周期内转化为现金的资本，例如库存现金、银行存款、应收款项等。流动资本主要用于满足企业日常经营活动的需求，而固定资本则主要用于购置固定资产，提升企业的生产能力。

固定资本是指以厂房、机器、设备和工具等劳动资料的形式存在的生产资本，与流动资本的相对。

固定资本的物理形态全部参与生产过程，虽然会磨损，但仍长期保持固定的物理形态。它的价值并不是一次性全部转移，而是随着产品在生产过程中的损耗而一部分一部分地转移到新产品上。货物出售后，这部分转移的价值以货币的形式被收回，准备更新自己的物质形态。

流动资本和固定资本是现代企业运营和发展中最重要的两个组成部分，只有结合在一起运用，才能更好地进行企业管理和决策。

五、按所有制关系分类

按所有制关系分类：个人资本、集体资本、国家资本、外来资本。

个人资本指个人所有或家庭所有的资本，包括自然人个人和法人个人的资本。

集体资本指集体所有制企业、合作制企业和职工持股会等集体经济组织所拥有的资本。

国家资本指国家政府拥有和控制的资本，包括国有企业、国有金融机构、国家授权的投资机构等所拥有的资本。

外来资本也可以称为外部资本，包括外国资本、港澳台资本和其他地区的资本。外来资本的引进，可以促进本国经济的增长，促进本土产业的升级和转型。在引进外来资本时，要加强审查和监管，确保国家核心利益不受损害。

六、按行业分类

按行业分类：工业资本、农业资本、服务业资本，信息资本等。这是几个按大类划分的资本，是社会上存在的主要市场主体。

工业资本指工业、矿业、交通运输业和建筑业等物质生产部门的资本。工业投资主要通过智能制造和信息技术的有机结合，提高企业的生产效率和竞争力。

农业资本有广义和狭义之分。狭义的农业资本，是指投入农业生产的资金，包括用于购买农用机械、农药、化肥等农业用品的货币资金。广义的农业资本，包括在以下几个方面的投入：推进农业现代化进程，提高农业生产效率；加强农村基础设施建设，改善农民生产生活条件；加强农业科技创新，提高农产品质量与效益。

服务业资本，服务业是相对于工业、农业而言的，比较广泛，许多商业模式都以服务方式存在。现在，服务业资本是投资的重要组成部分。服务业资本的作用主要是提高服务质量，缩短服务流程等。

信息资本，信息之所以能够成为资本，是因为互联网技术、大数据技术、数据价值的挖掘、云端技术的发展、创新应用与服务，大大提高了信息的价值，信息的"增值效率"加快，具有了资本的属性。

信息产业的投资，用于信息产业的生产经营活动，以提供更加优质的信息产品来满足市场需求。在信息社会，信息能够使价值增值，能够给社会带来财富。

七、按所有权分类

按所有权分类：股本、债务、自有资本等。

股本、债务与自有资本，这是融资的三大支柱。这三种融资方式各有优缺点，对公司的经营和财务状况有着不同的影响。以下对这三种资本详细解读。

股本融资是指公司通过发行股票来筹集资金的方式。可以分为实股和虚股，其中实股具有投票权和分红权，而虚股则只有分红权。其优点在于，股本融资不会增加公司的债务负担，但可以增加所有者权益。其缺点在于，导致股权分散，增加了公司管理难度。

债务本，是指公司向债权人借入的资金，包括银行贷款、企业债券、租赁等。这种方式的优点在于，可以增强公司的财务稳定性和抗风险能力，利息支出可以在税前扣除，具有节税效应。其缺点在于，增加公司的债务负担，如果公司无法按时偿还债务，可能会面临破产的风险。

自有资本，是指公司通过留存收益和内部积累等方式筹集的资金。其优点在于，不需要支付额外的利息或偿还本金，是一种低成本的融资方式。但是，自有资本融资会降低公司的收益水平，限制公司的扩张能力。

股本代表着公司的所有权和股东权益，债务本则为公司的经营提供了稳定的资金来源，而自有资本是公司可支配资金的重要来源。

通过调整股本和债务本的比例，可以优化公司的资本结构，降低财务风险；同时，合理利用自有资本进行投资和发展，可以提高公司的盈利能力和市场竞争力。通过对公司股本、债务本和自有资本的分析，可以更准确地评估公司的价值和风险，从而做出更明智的投资决策。在日益复杂的市场环境中，公司需不断优化自身的资本结构，以适应不断变化的市场需求并实现长期稳健的发展。

八、按运营方向分类

按运营方向分类：直接投资资本、证券投资资本、银行借贷资本、保险资本等。

直接投资资本是指企业通过向其他企业或项目直接投入资金来获取收益。但是，直接投资资本也存在一些缺点，如：需要投入大量时间和精力进行项目管理；资金流动性较差；投资回报周期较长。

证券投资资本指通过购买股票、债券等有价证券的方式进行投资，包括长期和短期证券投资资本。以阿里巴巴为例，该公司通过投资股市和其他金融市场获取了大量的收益，同时分散了业务风险，优化了企业的资产结构。

银行借贷资本指企业向银行或其他金融机构借款来获取资金，包括长期和短期银行借贷资本。银行借贷资本也存在一些缺点，如：需要提供抵押或担保、受银行信贷政策的影响较大、还款压力较大。

保险资本指保险机构通过承保风险、提供保障等方式获得的资本。保险资本也存在一些缺点，如：需要支付一定的保费；保险合同条款较为复杂，难以理解和掌握；理赔过程较为烦琐，需要经过多个程序和环节。

九、按存在形式分类

按存在形式分类：货币资本、实物资本、金融资本、人力资本、产业资本、商业资本、社会资本、银行资本、文化资本。

货币资本指以货币形式存在的资本，包括现金、银行存款、短期投资等。

实物资本指将资本看作所有者投入企业的实物生产能力或经营能力，如机器、设备、厂房、存货等。

金融资本指工业垄断资本和银行垄断资本在一起而形成的垄断资本，又被称为虚拟资本，主要投资于资本市场，标的物包括现金、银行存款、债券、股票，以及期货和期权等金融衍生工具，还包括房地产、黄金等大宗商品和另类投资，其获利的形式包括利息、套利、红利以及价格波动产生的资本利得。

人力资本指以人力形式存在的资本，包括劳动力、管理才能、技术专业等。

在运动领域，人力资本的重要性不言而喻。以篮球为例，一名球员的身高、弹跳力和速度等天赋固然重要，但如果没有后天的技术训练和比赛经验的积累，很难成为一名优秀的球员。同样的道理也适用于职场，技能和经验的积累对于个人职业发展至关重要。

产业资本指在资本主义社会中，投在物质生产部门中的全部资本，包括固定资本和流动资本。产业资本在生产过程中创造剩余价值，在流通过程中实现剩余价值，通过生产、流通来实现资本积累。

在马克思所处的年代，由于工业生产是当时的主要经济活动，服务业所占的比重很小。所以，马克思所指的产业资本是工业资本，而并未将产业部门中的服务业纳入进来。本书所指的产业资本也是区别于商业资本、金融资本等概念的工业资本。

商业资本指在资本主义社会中，从事商品购销活动的那部分产业资本。

社会资本是为取得利息而暂时贷出的货币资本，这是一种信任与关系的力量，是建立在信任和关系基础上的资源。金融机构在评估贷款申请时，除了申请人的信用记录和经济状况，还会考虑其社会关系网和社会声誉等社会资本因素。这些因素可以帮助金融机构更好地评估贷款违约风险。

银行资本指商业银行自身拥有的或能永久支配、使用的资金，是银行从事经营活动必须注入的资金。

文化资本是指能够创造文化价值、促进文化繁荣的资源，如文化遗产、文化设施、知识产权等。文化资本在社会进步中具有重要地位，它可以提高国民素质、增强文化自信、推动文化创新和产业升级，为经济发展和社会变革提供精神动力和智力支持。

总之，资本依附于一些事实，从而提高效率或者减少成本，又或者重组与整合，总之最后用来变现。"一项事业"没有资本，可能会难以获得资源、节约成本，如果有了资本，就可以增值。这样说，是不是更容易理解了。这里说的"一项事业"，可以是有形的事，也可以是无形的事，甚至就是一项投资的事，普通投资加上资本，变成资本投资，最后得以增值。正确地选择和运用各种资本方式，对于企业的长期发展至关重要。

第 4 节

资本运作对企业发展的影响

在当今社会，企业的成功不仅仅取决于产品的竞争力、营销策略的优劣，也深深地依赖于资本的力量。资本对企业发展有着深远的影响。它是企业发展的引擎，也是企业稳健运营的重要支撑。然而，在使用资本的过程中，企业也需警惕各种风险，并不断寻求突破，以便在竞争激烈的市场环境中获得更大的发展。

资本运作是指企业以资本为基础，通过各种金融工具和手段，进行资金筹集、投放、交易等，以实现企业价值的最大化。常见的资本运作手段包括兼并、收购、重组、股权交易、资产剥离等。资本运作可以帮助企业实现资源优化配置、提高核心竞争力，并为股东创造更多价值。

不同阶段，有不同的资本运作方式，见图1-3。

图1-3　不同阶段的资本运作

一、初创阶段：寻找天使投资人

在企业初创阶段，资金需求量相对较小，却是企业发展的关键时期。在这个阶段，资本运作的核心是找到合适的天使投资人，并充分利用他们的资源和经验来加速企业发展。

在初创时，最值钱的就是一个团队、一个创意，其他可能什么都没有。但是就凭这个创意，三五人的小团队，依然可以获得融资，发挥资本的力量。这个阶段的融资，叫种子轮投资。融资的费用少则50万元，多则500万元，让这个创意可以稳步启动。

投资人凭什么会相信？凭什么愿意投资？凭他们的经验判断，看团队的潜力，看创意的市场占有率。有经验的投资人，在投资过程中，往往也会给予指导和建议，还会给公司牵线搭桥，提高成功概率。

种子轮投资，如同创业公司的第一道曙光，能给企业注入生命力。一旦失败，投资人损失一笔小钱，这钱对于他们微乎其微。一旦做成功，那回报也是相当惊人的。投资 100 家初创公司，只要有 2 家公司投资成功，就可以把所有投资的钱赚回来。如果后劲很足，还能上市，那可能是上万倍的回报。

初创公司需要的资金不多，融资的过程相对简单，尽职调研周期非常短，一般不会超过两星期。

还有一种投资形式，创业基金。创业基金一般是大型机构对初创企业提供资金支持，通常以有限合伙企业的形式进行。以上两种方式均能帮助企业在初期获得足够的资金支持，同时为企业带来丰富的资源，如市场渠道、管理经验等。

举例来说，滴滴在初创阶段获得了多位天使投资人的支持，如徐小平等。这些投资人不仅为滴滴提供了资金，还为其带来了丰富的行业经验和资源，为滴滴日后的快速发展奠定了基础。

二、企业发展中期：私募股权与风险投资

随着企业业务的逐步扩张，资金需求量也随之增加。此时，私募股权和风险投资成为企业中期的常见资本运作方式。

私募股权是指通过非公开方式向少数投资者出售股权，以获得资本支持。风险投资则是通过投资高风险、高成长潜力的企业，以获得资本增值。这两种方式均能为企业在中期发展阶段提供足够的资金支持，帮助企业实现快速扩张。

以美团为例，在中期发展阶段，美团不仅获得了多位天使投资人的支持，还获得了多轮风险投资。这些资金支持帮助美团实现了业务的快速扩张，从而成为国内最大的本地生活服务平台之一。

随着资本市场日益发达和公司竞争格局的不断变化，未来资本运作在上市中的发展趋势将更加多元化和复杂化。以下是几种可能的趋势。

（1）资本市场变化。随着全球化和互联网的发展，资本市场将变得更加国际化、多元化和信息化。这为企业提供了更多的融资渠道和投资机会。

（2）公司竞争格局变化。随着经济全球化和新兴产业的发展，公司竞争格局将不断变化。资本运作将成为企业提高竞争力的重要手段之一。

（3）投资者变化。随着机构投资者的增多和散户投资者的转型，投资者将更加注重长期价值和投资风险。这会对企业的资本运作策略产生影响。

三、成熟期：探索上市机会

当企业进入成熟期后，资金需求量已经稳定，而企业的融资目标也从单纯的资金需求转变为品牌推广和市场扩张。此外，企业还可以通过发行债券、资产证券化等方式进行融资，以满足企业的不同需求。在这个阶段，企业可以通过并购、股权投资等方式来实现产业链的整合和优化。

这时运作资本，会给以下几个方面带来影响。

公司信誉度：公司的注册资本越大，其信誉度就越高。这是因为较大的注册资本表明公司有较强的资产和财务实力，更有可能满足商业交易所要求的资产规模，有助于增强市场的信心和公司的声誉。

股权结构：注册资本也决定了公司的股权结构。如果公司注册资本较大，那么公司的股东之间分配的股权比例就会更加均衡。相反，如果公司注册资本较小，则少数股东可能会在公司中占有较大的股权，这可能会影响公司的管理和发展。

资金来源：公司注册资本也是企业在发展和扩张方面的资金来源之一。注册资本可以用于企业的初始投资、运营和扩展，而较大的注册资本也会为公司资金增长提供更大的空间和更灵活的资本结构。

对公司财务稳定性的影响：较大的注册资本可以增强公司的财务稳定性，以便公司在发展乃至困难时期有足够的资金去应对问题，而较小的注册资本则可能对公司财务的稳定性产生负面影响。

四、上市阶段的资本运作

在企业发展后期，资本运作的方式变得更加多元化。企业可以通过上市、并购等方式进行资本运作，以实现业务转型、扩大市场份额等目标。

上市是企业将部分股份在公开市场上进行出售，以换取资金支持的一种方式。通过上市，企业可以迅速筹集大量资金，用于扩大生产、研发新产品、拓展市场等。同时，上市还能够提高企业的知名度和信誉度，为企业带来更多商机。

并购则是指企业通过购买其他企业的股权或资产，实现业务扩张或转型的一种方式。并购可以迅速扩大企业的规模和市场份额，提高企业的竞争力。同时，并购还可以帮助企业实现多元化发展、提高抗风险能力。

以阿里巴巴为例，在发展后期，阿里巴巴不仅获得了多轮私募股权和风险投资，还通过上市筹集了大量资金。这些资金支持帮助阿里巴巴实现了业务的快速扩张和转型，成为全球领先的电子商务企业之一。

资本运作对上市的影响主要体现在以下几个方面：

（1）提高上市公司估值。通过资本运作，上市公司可以优化股权结构、提高公司治理水平、增强盈利能力等，从而提高公司的估值。

（2）优化公司结构。资本运作可以帮助上市公司调整产业结构、优化资产结构，提高公司的盈利能力和竞争力。

（3）降低财务风险。通过资本运作，上市公司可以降低负债、优化负债结构，提高抗风险能力。

（4）提高公司竞争力。资本运作可以帮助上市公司提高品牌影响力、拓展市场份额、增强技术创新能力等，从而提高公司的竞争力。

综上所述，企业在不同的发展阶段需要采取不同的资本运作策略来满足其融资需求和实现发展目标。因此，掌握不同阶段的资本运作策略对于企业发展至关重要。

五、上市以后的资本运作

上市后，企业仍然需要运用资本运作来调整股权结构、并购重组、财富分配等，以实现企业的可持续发展。以下是资本运作在上市后的几个典型应用。

（1）股权结构调整。企业可以通过定向增发、股份回购等方式，调整公司的股权结构，以实现股权的更加合理配置。

（2）并购重组。企业可以通过并购、资产重组等方式，扩大企业的规模和影响力，提高公司的核心竞争力。

（3）财富分配。企业可以通过现金分红、股份回购等方式，向股东分配财富，以提高公司的股东回报率。

企业发展阶段的资本运作是一个循序渐进的过程。在初创阶段，企业需要寻找天使投资或创业基金的支持；在中期发展阶段，私募股权和风险投资成为主要选择；而在发展后期，企业则可以通过上市和并购等方式进行多元化的资本运作。

总之，资本运作是企业上市前后不可或缺的重要手段之一。通过合理的资本运作，企业可以优化资源配置、提高核心竞争力和实现可持续发展。在未来的资本市场和公司竞争格局中，资本运作的重要性将更加凸显。

第 5 节

资本积累对企业发展的影响

资本积累对于企业和国家的发展都具有至关重要的意义。

企业资本积累是指企业在经营过程中，通过不断积累资金、资产和资源，扩大生产规模、提高效率和竞争力，从而获得更大的利润和成长空间。企业资本积累的意义在于，它能够使企业形成规模效应，降低成本，提高产品质量，拓展市场空间，从而在激烈的市场竞争中获得更大的优势。国家资本积累的意义在于，它能够促进经济增长、改善民生、推动社会进步和实现国家长治久安。国家资本积累主要通过政府投资、国有资本、财政补贴、税收优惠等。企业资本积累能够提高企业的竞争力和创新能力，提升产品质量和服务水平，从而提升市场份额，获得更大的收益。例如，企业资本积累可能面临融资难、融资贵等问题，限制了企业的扩张和发展。企业资本积累将更加注重创新和转型升级，提高企业的核心竞争力和国际影响力。

资本积累对于企业和国家的发展，具体有几点重要意义，还有一些负面影响。我们从事物两面性来看，资本可以扩大企业规模，提高企业竞争力，促进经济增长，增加社会财富，增加就业机会，促进社会进步（见图 1-4）。

资本对社会发展的影响

- 一、扩大企业规模
- 二、提高企业竞争力
- 三、促进经济增长
- 四、增加社会财富
- 五、增加就业机会
- 六、促进社会进步

图1-4　资本对社会发展的影响

一、扩大企业规模

资本积累可以用于扩大企业规模。

资本扩大企业规模的方式有多种，以下是一些常见的方法。

投资扩股：通过投资扩股来增加企业的注册资本，扩大企业的规模、增强竞争力。

兼并收购：通过兼并收购其他企业，实现企业规模的扩大和市场份额的增加。

战略合作：与其他企业进行战略合作，共同开发新产品或市场，扩大企业的业务范围和规模。

技术创新：通过技术创新提高生产效率，开发新产品，拓展新市场，从而扩大企业规模。

市场推广：通过加大市场推广力度，提高产品或服务的销售量和市场份额，从而扩大企业规模。

增加附加值：通过改进产品设计、提供个性化定制选项、增加售后服务等方式，增加产品或服务的附加值，从而提高其竞争力和利润率，进而扩大企业规模。

需要注意的是，在扩大企业规模的过程中，资本需要综合考虑企业的实际情况和市场环境，制定科学合理的策略，避免盲目扩张和资源浪费。同时，还需要注意防范市场风险和法律风险，保证企业的稳健发展。

下文将探讨资本如何扩大企业规模，涉及相关理论、方式、优缺点分析及实践经验，最后得出结论并提出展望。

资本扩大企业规模的方式如下。

（1）增加债务：企业通过发行债券或向银行借款等方式增加债务融资，从而获取扩大规模的资金。

（2）增加权益：企业通过发行股票或以股本增值的方式吸引投资者，从而增加权益融资。

优缺点分析如下。

（1）增加债务：优点在于债务融资成本较低，能够为企业提供稳定的资金支持；缺点在于债务融资可能导致企业负债过高，影响企业形象和财务风险。

（2）混合型资本：综合了债务和权益的优点，能够降低融资成本，同时保持合理的资本结构。但混合型资本需要同时考虑债务和权益市场的动态变化，操作难度较大。具体数据如表 1-1 所示。

表 1-1　某互联网企业融资及企业规模增长情况

年份	融资方式	融资金额（万元）	企业规模增长率（%）
2015	股权融资	500	25
2016	债券发行	1000	35
2017	股权融资	1500	40
2018	债券发行	2000	45

可以看出，该互联网企业通过融资，使企业规模不断增长。然而，不同的融资方式各有优缺点，企业需根据自身情况选择合适的融资策略。同时，实践经验表明，有效的资本运作对于企业的规模扩张至关重要。企业在利用资本扩大规模时，应关注市场动态，结合自身的战略目标和业务特点，制定出合适的融资策略。同时，政府也应加强对金融市场的监管，为企业创造一个更加稳定、公正的融资环境。这样，资本才能更好地发挥其在扩大企业规模中的关键作用，推动经济的持续发展。

二、提高企业竞争力

资本积累可以扩大研发投入，优化生产工艺，提升市场营销能力，拓展市场渠道，加强人才引进和培养，加强供应链管理。

（1）扩大研发投入。资本可以用于增加新技术的研发和创新，提高企业的技术水平和产品竞争力。

（2）优化生产工艺。资本可以用于提高生产效率，降低成本，提高产品质量和竞争力。

（3）提升市场营销能力。资本可以用于加大市场营销投入，提高企业的品牌知名度和影响力，扩大市场份额和销售量。

（4）拓展市场渠道。资本可以用于开拓新的销售市场和渠道，增加销售量和销售额。

（5）加强人才引进和培养。资本可以用于引进高素质人才和培养人才，提高企业的技术和管理水平，增强企业的核心竞争力。

（6）加强供应链管理。资本可以用于优化供应链管理，降低采购成本，提高物流效率，提高企业的整体运营效率。

需要注意的是，在提高企业竞争力时，资本需要综合考虑企业的实际情况和市场环境，制定科学合理的策略，避免盲目投入和资源浪费。同时，还需要注意防范市场风险和法律风险，保证企业的稳健发展。

三、促进经济增长

经济发展是指一个国家或地区在一定时期内经济总量的增加、经济结构的优化、生活水平的提高等。资本和经济发展之间存在着密切的联系，资本的积累、深化和转移对于推动经济发展具有重要作用。资本积累可以用于投资新兴产业、建设基础设施等，从而促进经济增长。

资本促进经济增长的方式有很多，以下是一些常见的方式。

（1）投资生产要素。资本可以用于投资土地、劳动力、技术、数据等生产要素，促进生产要素的组合和优化，提高生产效率和产品质量，推动经济增长。

（2）扩大市场规模。资本可以用于扩大市场规模，增加生产和销售，提高企业的竞争力，推动经济增长。

（3）优化资源配置。资本可以用于优化资源配置，将资源投入更具生产效率和利润前景的领域和行业，提高经济增长的质量和效益。

（4）引进先进技术。资本可以用于引进先进技术，推动技术创新和产业升级，提高生产效率和产品质量，推动经济增长。

（5）提供就业机会。资本可以用于投资企业和产业，创造就业机会，提高人民的收入水平，推动经济增长。

四、增加社会财富

资本积累可以用于增加社会财富，提高人民生活水平。

资本积累过程中应遵循一定的原则，以确保风险可控、成本有效和目标明确。首先，风险控制是资本积累的核心原则之一。

在投资过程中，要进行充分的市场调研和风险评估，确保资本的安全性和收益稳定性。其次，成本控制也是资本积累的重要原则。通过合理配置资源、降低浪费和提高生产效率，实现资本的优化利用。最后，目标导向是资本积累的另一个关键原则。明确企业的发展目标和战略定位，使资本积累与企业的长期发展紧密结合。

在资本积累过程中，可能会遇到一系列问题，如资本短缺、融资困难、风险控制不力等。为解决这些问题，我们可以采取以下措施。

拓宽融资渠道，实现多元化融资。通过发展多层次资本市场，鼓励股权投资、债券发行等多元化融资方式，为企业提供充足的资金来源。加强金融机构与企业之间的合作。金融机构应为企业提供更加灵活、贴合需求的金融产品和服务，同时企业也应加强财务管理和风险控制，提高金融机构的信心。推动科技创新和产业升级。通过科技创新和产业升级，提高企业生产效率和产品附加值，增加资本积累的速度和效益。加强政策支持和监管。政府应出台相关政策，鼓励资本积累和发展，同时加强对金融机构和市场的监管，防范金融风险和资本泡沫。

五、增加就业机会

资本积累可以用于扩大企业规模和投资新兴产业，从而增加就业机会。中小企业是创造就业机会的重要力量，政府可以通过提供财政支持、降低税收等手段来帮助中小企业发展壮大，从而增加更多的就业机会。

用资本增加就业机会的关键是进行合理的投资和产业结构调整。

六、促进社会进步

资本促进社会进步的方式有很多，是比较宏观的方式，可以促进生产力发展，资本通过投资和技术创新，提高劳动生产率和资源利用效率，推动生产力的发展和国民经济的增长。可以优化资源配置，通过市场机制的作用，将资源配置到更高效、更需要的领域和行业，推动经济结构的优化和升级。可以扩大市场规模，资本通过投资和扩张，将产品和服务推向更广泛的消费者群体，推动市场规模的扩大和消费者福利的提高。

资本还可以提高教育水平，通过投资校园，升级校园中实验室，培养更多的人才。还可以投资社会公益，通过捐赠和慈善事业，支持社会公益事业的发展，推动社会的和谐与进步。

资本积累对于企业和国家的发展都具有至关重要的意义。它能够促进经济增长、提高人民生活水平、推动社会进步和实现国家长治久安。然而，企业和国家资本积累也面临着一些挑战，比如贫富差距扩大、金融风险增加、资源浪费和环境问题等。需要采取相应的措施加以解决。只有不断加强资本积累，才能够实现企业和国家的长期稳定发展。

第 6 节

资本的本质是钱，根本是人才

资本是发展生产力、创造社会财富、增进人民福祉的重要手段。但是人们说起资本，有一个最大的误解。误以为自己是被资本迫害的对象，因此谈资本而色变。

事实上，资本运用好了，可以扩大收益，加快发展和科技创新。资本用不好，就会成为别人的口粮、别人的嫁衣、别人的垫脚石。

本书写到此，对资本做一个总结。假如我们完全不懂资本，但还想了解资本，可以通过三个方面来了解（见图1-5）。

一是发现资本的门，找到这个大门，我们对资本就可以入门。资本的大门是什么？

资本的表现形式有很多，包括融资、投资、并购、重组、货币增值。资本的影响形式也有很多，包括政治、经济、文化、人文关怀、自然变化、科技发展，这些都会影响到资本。比如人们不用传呼机，改用手机，这就是科技进步带来新的生活方式。生活方式改变，相应地资本也会改变。

变化的背后，有一个不变的要素，那就是利益。所以资本的大门，就是利益。有利可图，就有资本存在。无利可图，资本就会撤离。

图1-5　资本的本质

二是资本的终点，资本最终会走到哪里？

资本最后，一定是退出。退出一个投资，进入新的投资。哪怕是百年持有一项投资，也是会退出的。没有永生的企业，也没有永生的投资。

　　一个投资的终点，也是另一个投资的开始。一个资本的终局，也是新的资本开局。在运作资本时，不管投资成功与否，回报与否，必然要增长经验。所以，世上也没有完美的投资，只有完整的投资。在合理的时间内投资，在合理的时间点退出。

　　有没有无法退出的情况？事实上，许多资本都不能完美退出。因为所投资的项目，或者用资本手段参与的项目，中间会遇上各种风险和阻力，最后血本无归。一家公司消失，其原因没有那么简单。当一家公司关门，邻居看到了，会嘀咕一声：这个公司不见了。但公司的工商记录还是存在的，只不过以另外的方式存在。要么标记为"注销"，要么标记为"吊销"。一家公司倒闭，工商资料至少还会保留五年时间。所以在股东眼里，一家公司倒闭，是在工商记录消失之后，才完全消失。

　　但是资本，有可能十年八年都不会消失。比如有些公司倒闭，项目失败，公司注销或变更，但是债务还没有消失。债务相关人还会背负这些债务，这时公司就会一直存在。直到债务还清，企业才会在相关人的记忆中消失。

　　罗永浩在《脱口秀大会》总决赛上，以幽默的方式谈起 6 亿元债务，表示未来一定还清债务，上演了一出"真还传"。之后他开启直播带货，赚钱还债，直到 2023 年 1 月 5 日，罗永浩的"被执行人信息"清零，高消费限制也被解除，仅有部分股权冻结信息。2023 年 9 月 24 日凌晨，罗永浩所欠的债务还清了。整整用了六年时间，这就是资本的终点。

　　资本虽然走向了终点，罗永浩关于资本的故事，还会流传。其实每年有成百上千个资本案例，绝大多数资本都是消消走向终点，并不为我们所知。

　　三是资本的本质核心，根本的核心，不是钱，而是人。

　　资本运作有许多基本元素，但所有元素的核心是围着人而运转的。投资一个企业，先看中企业的产品或服务，但最终还需要看清人。人不行，钱投得再多也没用。人行，钱到位，事也就做成了。这就是老祖宗说的：事在人为。

资本在运作时，会关注国际形势、国内形势、行业形势。但本质上关注的还是人，看相关人说了什么、做了什么、发表了什么文章、开了什么相关的会议。最终关注的就是被投资的人才，包括领导人才、管理人才、技术人才、渠道人才。只要人才有进步，项目就有进步。反之，人没有进步，项目盈利了，那也不会太长久。因为假如竞争对手有人才，他们的行动会更快速。

投资有三种级别，一是见机投资，看到机会来投资；二是投人才，看中团队的能力，然后投资相应的项目；三是看中一个行业，前十位的企业全部投一遍。在投资过程中，有些企业会被并购，有些企业会被重组，有些企业会消失，然后在资本的手里，行业会剩下两三家企业。无论这些企业如何竞争，资本依然是利益最大化。

从投资人角度来看人才，只要人才不进步，行业在资本的手段之下就会加速淘汰。如何提高自己的资本维度？

要提高自己的认知水平。无论是专业知识还是技能，都需要不断学习和提升，跟上时代的步伐，保持竞争力。

培养自己的商业思维。要关注市场需求、了解市场趋势、分析客户心理和行为，培养自己的商业敏感度和洞察力，建立良好的人际关系。

培养自己的领导力。学会领导团队、管理团队，提高自己的组织能力和领导力，从而获得更多的合作机会和资源。

注重自我品牌建设。建立自己的形象和品牌，提高自己的知名度和影响力，从而获得更多的商业机会和资源。

积累人脉资源。与不同领域和行业的人建立联系，扩大自己的社交圈，从而获得更多的机会和资源。

勇于尝试和冒险。不要害怕失败和风险，要有勇气尝试新事物和新的商业模式，抓住机会并敢于投资，从而获得更多的收益。

最后引用红杉资本列出的创业公司 11 个成功要素，作为本节的结尾。

1. 清晰的愿景

最好能写在名片的背面。

2. 大市场

目标市场最好是已经存在，并将要快速发展或者发生大的变化。比如，一个有可能达到 10 亿美元的市场会比较理想，因为它提供了足够的试错空间，并允许随着时间最终盈利。

3. 愿意支付的顾客

锁定那些会立即购买并为独特的产品支付溢价的客户。

4. 专注

客户只会购买具有单一价值主张的简单产品。

5. 解决痛点

找到客户的最痛点，然后用一个令人信服的解决方案让他们满意。

6. 尝试不同的思维方式

不断地挑战常识或者既有认知。敢于走相反的路线，创造新的解决方案，战胜竞争对手。

7. 团队的 DNA

一个公司的 DNA 在最初的 90 天里就已经确定，所以请明智地选择你的前几个雇员。

8. 行动力

天下武功，唯快不破，保持足够的灵活度和快速的行动力。

9. 绝不放弃

坚持，再坚持，失败了可以再来，坚持继续尝试。

10. 节俭

将开支集中在最关键的地方，特别是在影响企业发展的优先环节上，努力使利润最大化。

11. 小成本干大事

创业可以从一点钱开始，这样迫使你谨慎地运营，保持高度专注。事实上，一个巨大的市场，有急切需求的潜在顾客，加上优秀的产品，就足以让你成功。

第7节

要做资本事业，必须心怀感恩

在当今社会，我们不难发现，越来越多的项目和事业需要多人合作才能成功。每个人都有自己的专长和优点，通过相互配合，可以扬长避短，共同进步。在商业领域，合伙人的作用更加显著。多个富有创意的头脑在一起，可以相互激发，产生更多奇思妙想。

巴菲特说："通过建立强大的合作伙伴关系，我们可以抵御各种不确定性。"

迪士尼说："我们的目标不是成为最受欢迎的公司，而是成为最被尊敬的公司。"让我们学会珍惜身边的每一个合作伙伴，相互支持、共同成长。

杰克·韦尔奇说："成功的秘诀在于找到一群志同道合的人，然后一起努力工作。"让我们携手共进，创造属于我们的辉煌！

但不管是志同道合的人，还是强大的合作伙伴，只有自身强大，才可以与外部强大的资源联合，才可以吸引外部优质的人才，才可以和资本合作。企业的发展表现为两种力量，外面资本的力量和内部合伙团队的力量。其实外部资本力量，也是靠合伙团队运作的。内部团队不强，什么力量也用不上。

为什么人们说起资本，总会把他们形容为鳄鱼，认为资本家是大鳄，吃人不吐骨头，资本家的怜悯是鳄鱼的眼泪。总之，只要提及资本，统统和鳄鱼挂上钩。这是因为他们虽然自身实力强，但是贪欲很大，最后被资本吞没。玩不转资本，必被资本所玩。

在企业的发展过程中，其实从成立第一天开始，就在使用着资本的力量。只不过企业家在初次创业时，没有接触到这方面的知识和学问，当他第二次创业就会发现，原来自己所做的事，还真的就是运作资本。尤其是互联网行业，第二次创业，或者连续创业，一起步，一出手，就是先有梦想，再有资本，后有模式，再有人才，然后有产品，这样出来的产品，都是横空出世的。

比如，因为一个伟大的梦想，获得了资本。有了资本，按资本的方式设定模式。做好了模式，开始招募人才，人才齐备，产品就横空出世了。这里就会有一个疑问，一个争议，什么伟大的梦想，不就是忽悠吗？其实，忽悠投资人，那是世界上最难办的事。如果投资人能听完你说的话，并且投钱给你，肯定和梦想有关。

这里有两个玄机，一是连续创业，二是有合伙团队。因为团队，获得投资，就是这么简单。站在投资人角度，他们愿意投有成功案例的人。有过上市经历的人才，更容易做成第二家上市公司。有过融资经验，更容易获得融资。所以，在合伙团队的前提下，凭一个梦想就拿到融资。

那么，最重要的元素是什么？其实就是合伙团队，这是经历过多次创业，经历多次风雨，依然打不散的团队。这个团队，是一切事业的基础，是融资的前提。

现在我们就来看，这个合伙团队的核心要素。一个伟大的企业，一定是依伟大梦想而构建的，伟大梦想则是由几位合伙人承载。那这个合伙团队是怎么来的？有三个前提条件。

第一，"缘分"。

缘分就是冥冥中的那种存在。就像刘备所在的村庄里，居然同时出现关羽和张飞，这就是缘分。比如一个人到北京读书，遇上同班同学，两人相谈甚欢，在校园缔结友谊，直接成为日后创业的伙伴，这就是缘分。

笔者认为合伙人有三种类型，一是利益合伙人，二是事业合伙人，三是命运合伙人。这其实是外在描述，为什么可以称为命运合伙人，就是几个人有缘分，缘分让大家走到一起。

第二，花钱的实力。

实力互补，才可以成为长久的合伙人。比如一个善于花钱，一个善于守钱，这就容易达成互补。如果三个合伙人都是大手大脚花钱的，那他们赚得多，花得也多，创业就难以坚持下来。如果三个合伙人，都有守财奴的特质，一个比一个守得牢，那这个团队也无法做大。不舍得分钱的团队，是没有前途的。在钱的方面互相配合，攻守兼备，这样的合伙团队就是强大的。

投资人能把钱投进来，显然不是让钱来生钱，是让模式来生钱。要有模式，要有各种花钱的运作，这样钱才可以生出钱。如果没有运作，那还不如把钱存在银行，起码万无一失。

第三，感恩的心态。

感恩的表现之一，就是分钱，分钱是最实在、最有意义、最有价值的行动。好多人把感恩挂在嘴边，光说不做，年初说分钱，年尾就忘了。这种人就是没有感恩的心。人有了感恩的心，发展不会迷失，初心不会丢失。没有感恩之心的人，做什么事也是一次性的，用什么人也是一次性的，跟他合作过的人，尽兴而来，败兴而归，合作一次，认清对方的嘴脸，下次就不再合作了。

所以，投资人在投资之前，都会和合伙人相处一段时间，除了看他的实力，也是在考察他的心理。只要没有感恩，基本不会投资。投资了一大笔钱进去，该给的回报被扣下，该今年给的回报非要拖到明年，那投资人不就被耍了吗？

更具体一些，感恩的心如何修炼？我们可不是讲心态，不是讲鸡汤，而是从资本的角度来看合作团队的打造。

缘分无法改变，花钱可以互补，唯独感恩的心难求。感恩的人，会感谢过去，感谢现在，感谢未来。会感谢帮助过自己的人，包括有形的帮助、无形的帮助，

当我们谈到感恩时，很多人会立刻想到一些显而易见的表现，比如对父母的养育之恩的感激，对朋友的帮助之恩的感谢，或者对自然的馈赠之恩的珍视。然而，感恩的真正含义远不止于此。他们为我们提供物质上的温暖和精神上的支持，为我们的成长付出了艰辛的努力。感恩也并不仅仅表现为简单的感谢。每一次微笑、每一次善良的行为，都是他人对我们的恩赐。这些恩赐让我们明白，生活充满了善良和美好。

我们要明白，感恩的行动带有影响的力量。昨日别人帮助你，明日加倍回报人。这个举动，会产生强大的影响力，包括影

响投资人，影响合伙团队，影响公司员工，影响合作客户。

那么，如何让感恩之心，变成实际行动呢？

一、对生命的感恩

我们应该对生命本身充满感激之情。我们每个人都拥有生命，这是一份宝贵的礼物。我们应该珍惜生命，关注健康，并感激我们所拥有的一切。

所以，合伙团队要率先把身体调养好，体能决定战略的执行。少烟少酒少应酬，应酬很多不代表人脉很广。每个合伙人至少有一项耐力特长，包括爬山、竞走、游泳、跳绳、铁板桥，这些都可以，只要与耐力相关，长期坚持，会给你无尽的回报。还可以进一步做考核，互相监督，最终完成。

创业团队不需要挑战早起晨练，不需要挑战夜跑，也不需要挑战日行一万步。他们没有这个时间，也没有这样的规则，只要有一项很强的耐力特长就可以。这份耐力，必定可以让团队持续开会，讨论策略，坚守战略。

当体能不行，一切战略都会化于无形。

二、对他人的感恩

我们应该对他人表达感激之情。无论是家人、朋友还是陌生人，他们都为我们提供了帮助和支持。我们应该感激他们的付出，并尽可能地回报他们的好意。如果我们能够时刻铭记他人的恩情，我们将会更加真诚地对待他人，并建立更加紧密的人际关系。

我们接受别人的支持，必定是有形和无形的方式。有形包括收到物，收到钱。无形包括收到一个思想，一个方向，一个解决方案，总之，震撼心灵的，都非常有价值。

那么，我们在感恩回报时，往往也是有形和无形的。根据自身实力，可以捐一些物资，捐一些钱。同时也把自己的创业心得、管理经验，分享给大家。如果把这些经历写成书，那可以帮助到更多人。

三、对社会的感恩

最后，我们应该对社会表达感激之情。社会为我们提供了许多必要的服务和机会。我们应该感激社会给予我们的机会和保护，并回馈社会。如果我们能够时刻意识到社会的恩情，我们将会更加积极地参与社会活动，并为社会的繁荣做出贡献。

我们对社会最大的回报，就是我们产品的功效、服务的效果。而且是对得起定价的产品或服务，如果在价格上有虚假，那就不是感恩，而是收割。我们有许多国产品牌，成立多年来，不在价格上坑人，也不在功效上省钱。相比欧美的奢侈品，我们这些企业是有良心、有感恩之心的。

2

第 2 章

资本与股权

第8节

资本需要的三种合伙人才

逆境中分股，顺境中融资。其实顺境分股会更好，但你见过有几个老板，在发展良好的阶段分股的？有几个企业，会在发展良好的时候做咨询？基本没有。遇上顺境，就想着扩张，或者拿钱买房。思考的问题都是片面的，规模无限做大，人员水平没有提升。如果人员普遍素质不高，那就是一盘散沙。如果骨干没有水平，遇上逆境基本很难翻身。

所以，我们做股权分配，要把人看清楚。遇上合适的人，就有合适的股权分配。人不合适，任何时候分股都不合适。人找得不对，产生不了该有的价值，股权也就没有作用了。人找对了，股权分得不对，还是可以调整的。

前面我们讲的逆境阶段分股，那是没办法的办法，没招以后的招法。这个原理就像感觉身体素质不好，才想起来吃好喝好，才想着锻炼身体。在身体好的阶段，为什么想不起来去健身呢？其实人人都知道，状态好的时候，更适合运动。但除了专业运动员，在企业上班的人，都是在身体不好的时候，才想起维护自己的身体。

你说，一百来斤的身体都照顾不好，怎么照顾好公司一百来号员工？对身体没有投资，身体也不会给我们回报。同样，对员工没有投资，他们也不会进步。员工不进步，公司就不强。公司不强，靠模式是支撑不了的，随时可能从顺境走向逆境。

那我们要找什么样的合伙人呢？不要相面，不要看学历，重点看内心。内心当然不是一天两天能看到的，要用很长时间来细品，来观察。所以我们观察骨干，观察潜力的人才，不用着急，慢慢看，看上三五个月，给他分派不同的事，在做事的过程中，了解他的心性和实力。股权不是工资，也不是一开始就要分。看清以后，再提名为股东候选，还可以先分期权，再转为股权。这些步骤，都是观察的时候要进行的。但是也不能不做这些缓冲的动作，公司什么都不做，人才也看不到希望，可能中途就离开了。

所以我们要把握机会，看中的人才，不要让他飞了。

门店股权合伙人，有三个核心标准：思想同频、人性同德、能力互补（见图 2-1）。

第一，思想同频。思想同频，说得玄乎一点，你见到一个人，只看了一眼，仿佛曾经见过。你去过一些地方，只看了一眼，感觉以前来过。这就是同频。人的一生，会遇上两三位同频的人。有的人就互相珍惜，先做好朋友，再成为合伙人。有的人就白白错过了，最后也错过了一份事业。

抖音集团创始人张一鸣，他在最巅峰的时候，退出了公司，也没保留任何管理职位，只留了股份。把管理权留给了他的人学同学梁汝波。他们是南开大学的同学，也是同一个宿舍的室友。这两个人，就是同频的人。

思想同频，说实在一点，就是有相同的经历，有相同的梦想。经历是过去的，梦想是未来的。两个人过去都曾创业，都赚过大钱，也都在一夜之间赔光。有这样的经历，说话就特别投机，感觉说不完。没有相同经历也不要紧，有相同的梦想，说话同样投机。比如都想把门店开到全国，做到行业前三名，顺便做

图 2-1　合伙人才的三个标准

上市。这就是门店合伙人的同频。

酒桌上那种越说越投机，越说越夸张，那并不是思想同频。那个时候，是两个人用酒调到一个频率。等酒醒了，就忘了讲了什么。所以，在酒桌上观察人，那真是太有效了。一般不超过 3 个小时，基本可以把一个人看清楚。

一位毕业生，来一家上市公司面试，他说自己和董事长有相同的梦想，所以特别愿意来一起工作。但是这话是说给面试官的，面试官会把"梦想"当成狂妄的语言，第一关都没有通过。因为他们并不同频。

两个思想同频的人在一起工作，会有很多默契。有了默契就能拧成一股绳，这股绳子就是股份。

没有思想同频也不要紧，可以同德，就是共同的品德。品德相同，照样可以拧成一股绳。

第二，人性同德。为什么许多公司，是由两个兄弟，或三个同学创办的，就是因为专业相同。专业相同，才可以分到一个班里。专业相同，爱好也差不多，最后很容易走在一起，共创大业。

同德就是有共同的品德，咱们民间有一句俗语叫：鱼找鱼，虾找虾，癞蛤蟆找青蛙，什么人找什么人，这就是同德。正面的品德能组成优质团队，负面的品德能组成一个团伙。

比如三个贪图利益的人，可以拧成一股绳，赚钱了先往自己腰包里塞，然后让整个门店都变得特别势利。客户来买东西，特别热情。如果要退货，就给个黑脸，退货比登天还难。

三个出手大方的人，也能拧成一股绳，小事不会斤斤计较，大事按流程来执行。卖菜也不会缺斤缺两，退货也不会为难客户。同频和品德，是一个人的内在表现。有几个同德的人做合伙人，还愁不能做大做强吗？为什么找不到呢？因为你自己不大方，大方的人跟你合作不了。

第三，能力互补。比如，老板擅长市场拓展，合伙人善于理财，这样能力可以互补。一个善于开拓的人才，没有一个善于守财的人，那是赚不到钱的。就像狗熊掰玉米棒，掰一个丢一个。

有了赚钱的、守钱的，又遇上一位擅长管理、擅长做标准化和流程的人，那整个班子就不是草台班子，而是精英团队。公司不再是野蛮生长，而是规范性发展。这就是核心能力的互补。

如果是三个做生产的人员，在一起讨论的都是产品的工艺，这样的班子就很难创业成功。如果是三个做销售的人，坐在一起就是讨论销售技巧，把产品说得天花乱坠，这样的班子也很难成功。如果有生产型的人才，有销售型的人才，有管理型的人才，三个人凑在一起，创业就容易成功。

看三国时期的刘备团队，他们就是思想同频的人，都想干一番大事。他们也是人性同德的人，品性良好，不以武力欺负老百姓，绝不干投机倒把的事。他们的核心能力，也形成了能力互补。刘备比较沉稳，关羽比较孤傲，张飞比较火爆。刘备是大哥，刚好平衡了三人的关系。如果张飞当大哥，虽然能力互补，这个团队也发展不起来。

再看当今最有钱的苹果公司，乔布斯负责产品研发，首席设计师艾维负责设计，库克负责营销，三人团队完美配合，做出的产品不仅有销量，也有强大的品牌信仰。之后乔布斯去世，首席设计师艾维离开，库克升为 CEO，主抓苹果全面工作。这时苹果产品，营销越做越好，一年几个新款，可每款都没有什么惊艳的地方。依然吃着乔布斯的红利。

我们的门店，也要有几个合伙人，组成创始团队，一位负责总部的发展和战略，一位负责市场，一位负责产品，一位负责财务。这些创始团队，组成一个控股公司，然后控股一个主体公司。主体公司里面，也有一个互补的团队。主体公司又控股着若干门店，每个门店也有一个互补的班子，有三五个合伙人。各个门店的财务，除了听命于门店店长，还听命于集团的财务总监。这样的组织结构，就会变成立体结构，这样门店就比较稳固，也容易长久发展。这就是最完美的连锁门店结构。

最后来做一个总结，可以不同频，可以没有相同的经历，没有相似的过去。但是品德必须正向，不然团队会唯利是图，勾心斗角。更重要的是能力必须互补，能力互补，这就是最完美的合伙团队。

第 9 节

资本的股权架构

要做资本，就要配备相应的股权架构，而且是相对复杂的架构。标准的股权架构，起码有三层。上面一层控股层，中间一层主体运营，下面一层是合伙团队。这是基础架构，方便运作资本。现实中的股权运作，还会有更复杂的股权架构图，密密麻麻，像蜘蛛网一样。公司做到这一步，内部也有专人负责，时刻更新股权架构，并且核算股权配备的钱与权。

不管股权架构有多复杂，都要与时俱进，因为公司规模巨大，持股人多，投资人多，最终形成的股权架构就会非常复杂。通过股权架构的变化，优化资本运作策略，优化资源配置，优化资产配置，优化人才配置，提高股东的回报率。

以下具体解释这些优势。

股权架构：是指公司的股东结构及其所持股份比例、董事会成员的组成等情况。合理的股权架构对于公司的内部治理、股东权益保护和公司发展具有重要意义。

资本运作：是指公司通过兼并、收购、投资、剥离等手段，对公司的资产、负债和所有者权益进行优化配置，以达到提高公司价值、增加股东回报的目的。

资源配置：是指将公司的资源合理分配到各个部门和业务领域，以实现资源的最大化利用和公司的可持续发展。

人才配置：是把人才安排到相应的位置上，让他尽力去发挥。要做到可上可下，可横调。可以在集团总部，也可以去子公司工作。还有一种情况，是为了培养人，让他在几个关键岗位上工作，提高综合能力，以备重用。

股东回报：是指公司通过经营和投资活动为股东带来的收益。提高股东回报不仅有利于增加股东的财富，还有助于吸引更多的投资者关注公司，提升公司的市场竞争力。

每次股权变革时，要使控股权紧紧握在手中，就像开车紧握方向盘一样。一旦失控，后果不堪设想。接下来，从股东角度来说，有三种股权架构（见图 2-2）。

图2-2　三种股权架构

一、单一股东架构

单一股东架构指公司只有一个股东持有全部或绝大部分股份，该股东通常是公司的创始人或大股东。这种架构类型通常适用于刚刚成立或初创阶段的公司，因为它可以确保公司决策的快速和有效。

单一股东架构的优势在于，能够最大限度地保证公司的稳定性和独立性，因为公司的所有者只有一个，单一股东对公司承担全部责任，避免了股东之间的利益冲突和决策分歧。

然而，单一股东架构也存在一些负面影响，如果单股东出现问题，或丧失管理能力，公司可能会面临严重的危机。单一股权，可能缺乏有效的制衡机制，监管难度大，这会导致公司的决策失误，无法挽回。

单一股东架构在实际应用中具有广泛的应用场景。例如，国有企业往往采用单一股东架构，这是因为国有企业的所有者为国家，国家的利益是国有企业最重要的利益。此外，一些上市公司和大型非国有企业也采用单一股东架构，因为这种架构能够保证公司的稳定性和决策的一致性。

在什么情况下比较适合单一股东架构呢？

企业有危机时，有人走马上任，采用单股东，大刀阔斧进行变革。这个阶段没有其他股东，也能保证决策的速度和力度。还有一种情况，公司要引进战略投资者，或者要进行大规模融资，这时单一股东就能发挥优势。但是在稳定的阶段，单一股东的权力过于集中，会带来一系列风险，而且没有有效的监督。

二、多股东平等架构

多股东平等架构指公司有多个股东，并且每个股东拥有相等的投票权和控制权。多股东架构可以利用各方的优势和资源，推动公司的发展和成长。

多股东平等架构，是常见的公司结构设计，旨在平衡股东之间的权益和影响力，能够避免合作伙伴之间的争议和不满，有利于形成和谐的合作关系。这种结构优势比较多，首先，这种架构可以有效地保护小股东的权益。在多股东平等架构下，每个股东都有平等的投票权和控制权，这使小股东的权益得到充分保障，避免了大型股东对公司的绝对控制。其次，多股东平等架构可以提高公司的决策质量。由于每个股东都有平等的表决权，在公司决策时可以充分地表达和平衡各方的意见，有利于公司快速、准确地做出决策。最后，这种架构也有利于提高公司的治理水平。多股东平等架构鼓励股东之间的监督和制衡，可以降低股东滥用权力的风险，提高公司的管理水平，增强公司的市场竞争力。

然而，多股东平等架构并非完美无缺，首先，这种架构容易导致公司股权分散，不利于公司的集中管理。由于每个股东都有平等的控制权，可能会导致股东之间的意见难以统一，从而影响公司的决策效率和经营业绩。其次，会降低公司的融资能力。因为股权分散，会导致外部投资者对公司的信心下降，从而影响公司的融资能力。

三、多股东不平等架构

多股东不平等架构指公司有多个股东，但每个股东持有的股份不同。随着经济的发展和全球化的进程，越来越多的公司开始采用多股东不平等架构来运营。这种架构是指公司有多个股东，但这些股东在公司的权利、责任和风险方面并不完全平等。

这种架构由于公司有多个股东，优势明显。首先，可以提高公司的融资能力，让更多投资者参与进来，从而降低公司的融资成本。而且这种架构也可以促进公司股权的分散，更容易受到市场的监督和约束，提高公司的治理水平。在某些国家或地区，多股东不平等架构，还可以避免外资控制和市场风险。其次，多股东不平等架构可以提高公司的创新能力。由于公司的股东多元化，意味着有更多不同背景和经验的人参与公司决策，这些人可以为公司带来更多的创新思想和观念，有利于公司推出新的产品和服务，提高市场竞争力。

多股东不平等架构也有缺点。首先，其可能会导致公司股权的集中，使某些股东获得过多的权利和利益，而其他股东则无法获得应有的回报。如果大股东出现问题，如股份质押、股权转让等，可能会导致公司的股权结构发生重大变化。而且大股东一股独大，久而久之，往往会缺乏授权意识和人才意识，无法带出有竞争力的团队，导致公司缺乏强有力的中层管理力量。其次，多股东不平等架构还可能会增加公司的治理成本。由于公司需要协调多个股东之间的利益关系，需要花费更多的时间和精力来处理股东之间的纠纷和矛盾。最后，如果某些股东拥有过多的控制权，可能会导致其他股东的权益受到损害，从而使公司治理受到影响。

综上所述，多股东不平等架构既有其优势也有其劣势。公司在采用这种架构时应该权衡其中的利弊，并根据自身情况和市场环境做出最佳选择。

分析了三种股权架构，接下来看股权架构的成员。

一是股东人数与股份比例。

公司的股权架构首先关注股东人数和各股东所持有的股份比例。对于大部分公司而言，合理的股权结构应该是多元化的，即有多个股东共同持有公司股份，以降低股权集中的风险。其次，各股东所持有的股份比例应根据公司章程和相关法律法规进行合理分配，以确保所有股东的权益得到充分保护。

二是董事会成员组成。

董事会的组成也是股权架构分析的重要方面。为了确保董事会的独立性和专业性，应当引入具有丰富经验和专业知识的独立董事，并在董事会中设立相关专业委员会，以便对公司的发展战略、财务管理和风险管理等方面进行有效的监督和管理。

股权架构设计，并不是一成不变的，要制作适应资本运作、资产配置、人才配置的股权架构。同时还要考虑到相关法律法规，以及股东的权益和回报。

第 10 节

股权不是敢于"舍得"就能分好

在门店领域，先有人后有股。如果是集团公司，一般是先留出股权，后吸引人才。因为不留股份，人才也不来。

这一节讲正式分配股权，先给大家做个铺垫，股权不是想分就能分,不是分出股份就会好,不是连锁门店就能分股份。

许多人学股权,就是想找一个合理的分配比例。但你有没有想过,你分出的股份,一年两年变不了现金,你的股份一直没有价值,后果是什么?你一旦分了股份,大家就会有对应的希望。假如这个希望破灭了,人才必然会离开。所以变不了现的股份,最好不要随便分。你要分配股份,必须想清楚,分出来的股,大概率可以变现。

因为门店和公司的股权,真的不一样。如果你是一家新材料公司,或者是芯片材料的公司,你三年没利润,你的股权三年变不了现,这个股份依然保值,公司依然不会倒闭。但是门店不管是全球开店,还是街区开店,三个月业绩不好,门店基本保不住了。哪怕关店一个月,店员就走光了。

所以,门店股权不是你想分就能分,不是分得合理就有价值。我们来看一家非常知名的连锁门店,看看他们的经营现状跟股权有什么关系。来看太二酸菜鱼,看看他们的崛起与衰落。太二酸菜鱼,一年卖出 30 亿元。过了巅峰期,两年关掉一万多家店,并且被新的做鱼的餐厅取代。让我们看看股权在这个案例中,起到了什么作用。

最初太二酸菜鱼的成立,完全因为一次意外。你知道太二是谁开的吗?是九毛九饭店创始人管毅宏开的。

本来九毛九饭店是以面食为主,2015 年在广州开店时,发现多出一块空地。寸土寸金的地段,可不能浪费。这时管毅就想,面食已经做了 20 多年,差不多到了天花板,这次不如找点跟面食无关的东西,在这块空地尝试一下。想来想去,想到了酸菜鱼。没想到这一小片空地卖酸菜鱼,还火了。于是就把酸菜鱼独立出来,开了专门的餐厅,取名"太二酸菜鱼"。没打广告,全靠口碑宣传。太二酸菜鱼,只有一种鱼,只有一个口味,服务也只有一种。仅用一个月时间，就盈利了。半年时间，就赚了一个多亿。

这么短的时间，为什么能赚这么多的钱？因为有剧本，有定位，有人设。太二的定位就是酸菜鱼，单一的品类，最容易宣传。太二的人设就是：川菜二老板，就是四川那里的口味。有什么剧本呢？剧本之一是对暗号，消费者过来了，暗号对上了，会有惊喜。而且还有一个更核心的剧本，就是反向营销，与海底捞完全相反。海底捞有的，太二尽量不要有。

海底捞拿手的服务，太二坚决不要。比如海底捞会给等候的客户做美甲，擦皮鞋，太二不干这些，他们就在门口立一个牌子，写着：超过四人就餐，恕不接待。海底捞有多种调料供人选择，太二就一种口味，一种辣度，你想加辣想减辣也不行。海底捞会满足客户各种要求，并且还在不断增加新服务。太二酸菜鱼不断减少服务，比如现吃不外卖，不提供酒水，人多不加座，不会用微信的不接待，嚼槟榔的不接待，菜品有限卖完关门。然而，这样的看似劝退的服务，让叛逆的年轻人疯狂涌向太二门店，然后一排就是一个多小时。随着翻台率暴增，业绩做到 30 多亿元，超过了海底捞。

这些成果，哪个与股权有关？完全没有。这些成果的根源是什么？是口味吗？是服务吗？当然不是。也不是赢在服务，压根没什么服务。是股权激励吗？也不是，太二酸菜鱼上万家门店，没有股权分配。

所以，股权在连锁门店，既不是撒手锏，也不是万能药。太二酸菜鱼，靠的就是剧本，就是反常规的服务。而且这个服务，就是海底捞的对立面，然后变成年轻人眼中的网红门店。但是太二酸菜鱼的剧本，是灵丹妙药吗？能持久吗？这种反常的服务，消费者就不会腻吗？

果然，走上巅峰的人，必有峰回路转。只要上了巅峰，必然会下滑。上得越快，下滑得越快。太二快速开了两万家门店，不到两年就关掉一万多家，从顶流走向末流。当初自己立下的规矩，现在都一一被打破。以前门外挂着四人以上不接待的牌子，现在撤掉。说好的酸菜鱼不外卖，也开放了外卖业务。原本只做单品酸菜鱼，现在不断增加新菜。原来的二次元人设，现在迎合所有人。原来市场占有率最高，现在被另一家"鱼你在一起"取代了。2022 年，鱼你在一起的市场份额达到 20%，而太二酸菜鱼的市场份额跌到 5%。

时代在变，模式也在变。因为特色模式起家，必然因为另一种特色而被取代。因为二次元变成网红的门店，必然被新的二次元取代。短时间内的新鲜玩意可能会突然起来。如果是长时间的新鲜，就会变成经典。老干妈，就是地地道道长时间的新鲜，在国外卖了十几年，销量稳定。

这些反转，不是我们探讨的重点，我们要探讨的是，股权分配能不能力挽狂澜？

太二酸菜鱼只是一个门店案例，全国几十个明星开的火锅店，都是一样的逻辑，开到巅峰期，马上走下坡路。连火爆全国的文和友也是一样，深圳文和友、广州文和友，从万人空巷到无人排队，从网红打卡到无人问津。股权还没来得及分配，店门已经关闭。消费者来一次感觉很好，心想着下次带家人一起游玩，却已经没有下次了。

如果有股份，是可以把店员留住的。但是大家想过没有。股权能把店员留住，如果消费者留不住怎么办？股份把全国一万家门店的骨干留住，按一家门店 5 个骨干来算，那就相当于 5 万人留下来了。消费者不来，这 5 万人如何安顿？

门店赚的钱，根本支撑不了这么多股份，除非你有华为这样的业绩，才可以养活这么多股东。我们看到，顶级门店沃尔玛都在关店，海底捞老板国籍转到新加坡，并且成为新加坡首富。为什么成为首富？因为他把股权和利润一并转过去了。西贝莜面村，还在探索新的门店业务。太二酸菜鱼，关店一万家。

股权在门店领域，并不是用来留人才的。门店没有持续经营，就没有人才留住。没有人才留住，就没有股权分配。

第 11 节

同股不同权的七大策略

阿里巴巴上市后，马云仅仅持有 7.8% 的股份。就是这么少的股权，依然牢牢控制着阿里巴巴。而且这 7.8% 的股份，让马云多次成为中国首富。京东刘强东，华为任正非，都持有极少股权，依然牢牢控制着公司。除非自己正在退出控制权，否则无论如何股改，都改不了他们手中的权力。而且，任何公司的股改，股份占比往往都是越分越少，很少有通过股改，手中股份越来越多的。因为股份是越分越值钱，而不是越集中越值钱。

公司做大难免会遇到股权失控，在分配股份的时候，把公司控制权丢失了。这样的案例太多了，自己创办的企业，做到一定规模，居然失去控制权，公司变成别人的了。还有人被赶出董事会，被赶出公司。还有更严重的，没有平稳落地，进了监狱。所以，股权分配时要考虑，把钱分出去，权力依然牢牢掌握在自己手中。

股权本就包含两种权利：财产权和话语权，财产权就是钱，两者皆可分，也可以只分钱不分权。通过股权分钱，让合伙人留下，让团队创富，但是权利始终集中。

实现分股不分钱，有七种常见的策略。公司从小做到大，这七种方式都可以用。根据使用频次，七种策略依次为有限合伙企业、金字塔股权架构、一致行动人、委托投票权、公司章程控制、优先股、AB 股模式（见图 2-3）。

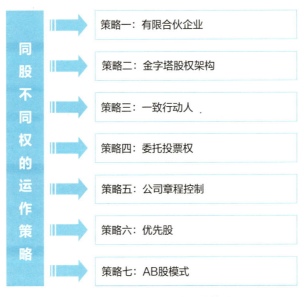

同股不同权的运作策略

策略一：有限合伙企业

策略二：金字塔股权架构

策略三：一致行动人

策略四：委托投票权

策略五：公司章程控制

策略六：优先股

策略七：AB股模式

图 2-3　同股不同权的七种策略

一、有限合伙企业

2007 年 6 月 1 日，《合伙企业法》正式实施。从这一天起，社会上出现了新的组织形态——有限合伙企业。有限合伙企业有两个常见的合伙人方式，一种是普通合伙人，一种是有限合伙人。这两个概念非常重要，一定要明白。普通合伙人简称 GP，有限合伙人简称 LP。普通合伙人 GP，对企业的债务，是无限连带责任。有限合伙人 LP，对企业债务，是有限责任。

有限合伙企业模式的第一个优势，是可以做到钱权两离，把财产权和话语权分开。分开以后，股份照样分，钱照样分，但是权利不动摇。如果没有这种模式，你本人持股 80%，随着股权不断分配，你的股份不断稀释，慢慢就会低于 67%，然后又会低于 51%，最后失去了控制权。

所以，为了达到分股不分权的效果，最常见的策略，就是注册"有限合伙公司"，通过有限合伙公司来持有公司的股份。这样操作，比自然人持股更加自由。而且，有限合伙公司是遵照《合伙企业法》，自然人持股是遵照《公司法》。合伙企业法，对于合伙人权益的约定更加灵活，许多个性化的合伙内容，都可以在合伙企业中提前约定。比如表决权、投标票、对外投资的财产收益权，都可以约定。而且这些约定，都是合理合法的。但这些个性的约定，在《公司法》中是无法达成的。

根据《公司法》规定，你给张某分配了 16% 的股份，他依法享有 16% 的权益。16% 的权益对你不构成威胁。如果你给张某分配了 35% 的股份，他就拥有了一票否决权。

有限合伙企业模式的第二个优势，是起到节税作用。《合伙企业法》规定，合伙企业不征收所得税。有限合伙企业的经营收益，直接流到合伙人的账户，由合伙人缴纳所得税。对于个人所得税，全国各地有不同的纳税政策，所以许多合伙公司，会去纳税优惠的地方注册，以起到合理节税的作用。

许多城市都推出节税政策，吸引了不少企业去当地注册公司，开展业务，取得减税优势。所以，有限合伙公司的第三个优势，就是注册灵活。可以选择去有节税政策的地方注册，全国有节税政策的区域，比如早年的新疆霍尔果斯，还有重庆两江新区、江苏扬州广陵经济技术开发区、广东汕头潮南经济技术开发区等。各地除了有税收政策优惠，还各有各的优势，有的投资环境好，有的交通便利，有的适合科技创新，有的适合外贸交易，要选择适合的区域注册。

二、金字塔股权架构

金字塔股权架构，就是人们常说的层层控制的注册方式，一层一层控股，从而实现对公司的掌控。金字塔股权结构有三个特点，一是实际控制人在第一层，依次向下控制。二是不管有多少层，控制人始终保持 51% 的控制权。三是通过少量资金，控制有庞大资金的大集团。

比如天士力公司，实际控制人是闫希军和闫凯境父子，他们控股一家富华德科技公司，持股 82%。富华德科技公司控股帝士力投资，占股 51%。帝士力投资再控股天士力控股集团，持股 67%。天士力控股集团又控股天士力公司，最终是天士力公司去上市。整个金字塔有 4 层。

如何来搭建金字塔股权架构？有一条比较通用的路线，每一层控股都是有规律的。第一层是自然人，第二层是控股公司，第三层是拟上市公司，第四层是各类业务的公司。比如马云作为自然人，先注册成立一家公司。然后控股海外的阿里巴巴，再下一层是阿里巴巴集团。集团是主体运营的公司，主体之下还有若干个业务型的子公司。例如淘宝网、天猫、阿里云、蚂蚁金服。因为阿里巴巴的体量巨大，业务量巨大，旗下任何一个业务，都相当于一家大型集团公司。例如淘宝网，其旗下还有若干个公司，服务着淘宝网。而且各个层级的公司，随着业务体系完善，都可以独立上市，分拆上市，后面会讲到这些上市之道。

金字塔结构控制，有以下几个明显的优势。

第一，杠杆原理，实现以小博大。用最小的力，找一个支点，控制一个巨大的物体，这就是杠杆原理。这个支点，就是层层控股，用最少的资金，控制上百亿甚至上千亿资金体量的巨大公司。并且通过杠杆原理，撬动更大的控制权，融到更多的资金。没有杠杆原理，一家用50万元注册的公司，不可能融到5亿元的资金。

第二，税收筹划。从自然人到控股公司，到主体运营公司、拟上市公司。每一层控股公司，营收不同，纳税方式也不同。每一层股东的个人所得税缴纳也不同。所以，金字塔股权结构可以做到税收筹划。比如控股公司，可以把旗下投资的公司分红，再次投资，这样就无须交税。除了分红再投资，控股公司还可以把分红作为增资，放到旗下投资公司的注册资金中，这样也可以享受免税。

第三，方便人事调配。这里的人事调配，不是更换岗位。岗位的调配是组织架构决定的，分配的调配是股权结构决定的。有些公司创业元老，跟随创始人打江山，把公司做上市，或市值做得很大，他们所持有的股票将带来很大的价值。

许多当初一起创业的上市公司元老，很有可能会失去激情，停止学习。心想，反正很有钱了，要什么就能有什么。公司都上市了，他还用粗糙的管理方式，身居高位，知识却跟不上，会给企业拖后腿。身为元老级股东，又不能随意调换岗位，更不可能随意让他们退出股权。

在上市之前提前把股权架构搭建好，就可以让躺平的元老到控股公司中担任高管。将有干劲的新股东或新生代骨干安排到主体运营的岗位上。这样既兼顾了元老的情绪，又保证了公司运营的战斗力。

第四，债权融资。整个控制架构中，拟上市公司的资金实力明显强于上市公司，而且容易受到银行的认可，更容易向银行借钱。对于债权融资来说，上市确实不如拟上市有优势。未上市之前，有各种机会。上市以后的债权融资就没优势了。

第五，分拆上市。金字塔股权架构内的公司，当时机成熟，业务发展到一定程度，可以单独上市。例如阿里巴巴，母公司阿里巴巴集团在纽交所上市，旗下的各个主体公司独立上市；阿里健康，在香港上市；阿里影业，在香港上市；阿里文娱，在港交所上市；还有菜鸟网络，在纽交所上市。

一家成熟的公司，就是不断把子公司推向上市。未来相比阿里集团还会有更多上市公司，如小米系，各种米系公司会一一上市，数量可能会超过阿里集团。

第六，上市以后的市值管理。做好金字塔股权架构，方便上市以后做增资、减持、并购、定增、分红，方便注入资产、转让控股权等。设立控股公司，可以协调各种战略资源，提高资本运作效率。不同的资本方便在不同的控股架构中运作，这样可以绕开证券交易所的复杂流程，也不会影响股票变更流程，还可以灵活实现股权转让。

这是更加专业的内容，以后再详细说明。

三、一致行动人

"一致行动人"这个概念，源自英国《城市法典》，原法典介绍的内容很多，核心要点就是通过一种默契和协约获得控制权。之后这个概念广为流传。

我国《公司法》有规定，一致行动人，虽然不是公司的股东，但通过投资关系或协议，也能成为实际支配公司的人，就是实际控制人。公司股东通过签署"一致行动人协议"，这相当于在公司股东大会之外，又设立了一个有法律效力的"股东会"，这个股东会对外的表决是一致的，签署协议是一致的。每次召开股东大会时，这个一致行动人，会先进行讨论，并且讨论出唯一的结果，然后把这个结果拿到股东大会表决。

这个逻辑相当于，你们有五个人，并不完全是公司股东，但你们是一个有合约的团队，你们五个人是一体的，对外意见是一致的，你们五个人的意见如同一个人。这就是一致行动人的大白话理解。如果五个人里面，有一个人不遵守约定，那怎么办？就要按照一致行动人协议中的条款，对他进行处理。有可能是罚款，有可能让他退股，这是五个人提前的约定。

还有另一个问题，这五个人如何一如既往保持意见一致呢？不用一直保持意见一致，一致行动人的策略是有期限的，在期限之内，大家要思想一致，哪怕有不同意见，也是私下自行探讨。对外都要一致，要不然这个协议就失效了。具体有多长时间，根据企业发展来定。如果公司要上市了，上市以后，公司的性质会发生变化，这时一致行动人协议也会失效。许多公司在挂牌上市时，会发出一条公告，说明一致行动人协议于某口正式解除。因为一致行动人已经完成了它的使命。

总体来说，相对于有限合伙企业和金字塔股权架构，其实一致行动人的控制效果比较弱，如果能用金字塔股权架构解决，根本不用一致行动人协议。而且一致行动人协议只对内部有用，对外部没有用。如果一致行动人中有人失踪了，或者去世了，这时就要与他的继承人重新签署协议。

在一个阶段内，要有一定的控制权，可以用一致行动人协议来过渡。当掌握了控制权，还需要使用其他控制手段。比如公司创始人手中只有 20% 的股权，其通过一致行动人协议，达到了67% 的控股权益，那就可以修改公司章程，把一致行动关系、实际控制人的权利、其他人委托投票权利都写进公司章程中，以保证实际控制权。如果没有签署一致行动人协议，他的股份是无法修改章程的。

四、委托投票权

委托投票权也是一种常见的控制方式，用通俗话来理解，就是一个人委托另一个人来投票，不出席投票的人，把自己的投票意愿委托给出席会议的人。

比如张某因为某些问题不列席股东大会，对于事情的表决，他是赞成的。他写了"股东授权委托书"，把自己的意愿用书面方式交给李某。李某在参加股东大会时，现场把张某的赞成票传达给股东大会。

委托投票权，是受公司法保护的权利。我国《公司法》第一百零六条有规定："股东可以委托代理人出席股东大会会议，代理人应当向公司提交股东授权委托书，并在授权范围内行使表决权。"

委托投票权的具体权益，可以总结出三个要点。

一是委托权利，不仅是投赞成票和否决权，还有一系列的股权权益。包括表决权、提案权、提名权、优先购买权等。比如，张某可以委托李某，把自己手中10%的股权，授权给李某使用。李某就拥有了张某10%的股权权益，因为李某多了10%，就达到了控股公司的目的。

二是委托期限，委托书要写明期限，当期限到期，委托权利将失效。从期限可以看出，这也是过渡的控制手段，总不可能把自己的股东权利委托给别人太长时间，那就失去股东的意义了。比如张某的公司在深圳，一位股东要回北京照顾父母，不得不离开一段时间。在此期间的日常管理、股东大会都不便参与。于是委托了关系较好的人，让他行使自己的权利，期限为半年。半年之后，委托的权利结束。

三是委托细则，就是委托的细节，要写清楚，涉及的风险以及特殊情况都要写清楚。如果委托期间发生什么意外，可以参考。

委托投票权和一致行动人有点相像，都是过渡的控制手段。当公司准备上市，为了调整公司发展路线，上市的专家也会建议公司启用一致行动人或委托投票权，以此达到上市的目的。如果不调整，很难通过上市的审核。

两者有什么区别呢？第一，说得通俗一些，一致行动人，如果大家意见一致，就听大股东的。如果意见不一致，还是听大股东的。委托投票权，是委托人在某个阶段内，把自己手中的权力完全放弃了，交给了别人去行权。自己没有明确意见，都是由委托人决定。第二，一致行动人中的所有人，均为公司股东。而委托投票权的受托人，可能不是股东。意思是，委托人是股东，他委托的那个人可能不是股东。

五、公司章程控制

公司章程，是股东间合作的最高行为准则，在公司中具有最高法律地位，被称为"公司宪法"。但是几乎一多半的企业，其股东对章程并不熟悉，甚至从成为股东那一天起，就没看过章程。

这是因为，改革开放 40 余年来，很多第一代创业者本身没有高学历，对公司章程并没有意识。而且许多民营企业从未想过上市，更不会引进空降兵，只是专心做产品，用心卖产品。把所有注意力放在用户的身上，从来没有放在章程上面。从没看过章程，也不影响公司发展。

第二代创业者，有一些公司会引进空人才，带来了一些法律和资本的知识，让大家对公司章程有了一定的了解。还有一些公司，做过一次融资，接触到投资人，因此对章程也有了一定的了解。但仅仅是了解，并不懂其中的意义。所以，许多公司在上市以后，开始上演控制权争夺战。比如南玻集团、华帝股份、新华百货、万科等。万科与前海人寿的控制权争夺战，是商业经典案例，万科差一点被前海人寿收入囊中。这些公司的控制权争夺战，如同商业大片，他们在商战中，使用的"重型武器"，其实就是公司章程。就是互相利用章程，打来打去，有的打得退市，有的打得声名俱下，有的打完被收购。

第三代创业者，大部分人拥有高学历，他们创业会研究章程和相关法律。这一代人创业，从创业之时，就会接触公司章程。控制公司时，凡事先约定，订好规则再做事。这是第三代创业者的思路。毕竟现在是法制时代，不是草莽时代。企业要以法律合约为主，而不会依靠口头约定。总之，企业做任何事，只有通过合同约定才进行。

其实章程和公司控制权是息息相关的，可以通过章程，实现对公司的控制。

要用好章程，先要区分公司类型。根据我国《公司法》规定，公司包括有限责任公司和股份有限公司两种类型，两种类型公司的章程，应该分别制定。

第一种，有限责任公司。

有限责任公司的章程，体现合理性、自治性，约束性。通俗地说，就是科学性，合理与约束，法治与自治，都是科学的，不是个性定制的。

比如，有限责任公司的章程规定，出资比例可以和持股比例不一致，出资比例可以和分红比例不一致，出资比例可以和表决权不一致。这样规定就比较灵活，方便公司用章程进行各种运作，同时也为其他控制权做出指导。比如 AB 股，就是典型的股份与权利不一致。还有其他不一致，都可以自行约定，只要不违反公司法，都可以修改章程。

有限责任公司通过修改章程，从而达到控制公司的目的。

第二种，股份有限公司。

股份有限公司的特性，是典型的"资合公司"，公司并不依赖某个股东的信用，不依赖其个人影响力，只要集体出资，以资本的方式合作。股份有限公司体现了开放性、包容性、法制性。

首先，开放性。股权有限公司可以依法改变形式，实现企业的变异。股份有限公司有四种形式：有限责任公司、非公众股份公司、新三板非上市公司、IPO 上市公司。

其次，包容性。其就是股权与现金转变时，股权转让更加自由，这就是包容性。

最后，法制性。股份有限公司的章程法制性强，自治性弱化。章程会把股东的权益都定好，然后依照章程来行权。而有限责任公司，一方面依赖于章程，另一方面依赖于创始人的权威和声望。有限责任公司可以说是人影响人，股份有限公司是法影响人。有限责任公司对股份与权利的约束非常明确，同时要经过专业人员过目。比如每位股东的持股比例、分红的比例、退股的比例等。每位股东的权利包括表决权、投票权、委托投票权等。

有限责任公司的股东上限是 50 人，股东间是互相信任、相互依赖的关系。股份有限公司的发起人上限是 200 人，股东依靠章程来保护权益。股份有限公司的股东，可能互相不认识，或者有可能只是见过一面，没有交往，但不影响他们都是股东。这种情况下，股份有限公司的章程就尤为重要，会偏向保护中小股东的权益，同时约束大股东的行为，强化董监高的监管。

如果股东数量众多，不加以约束，就会出现有的股东自由散漫，甚至干出损害公司的事情。所以应对股东进行强力约束，股份越高的股东，约束力越强。比如，股份有限公司不能向董监高借款，董监高股份转让有限制，董监高的薪酬会定期披露，小股东的薪酬不会披露。在资本市场中，对于一家企业的股权，主要对股权高的股东，看其股份和收入，不会关注小股东的收入。

如果股份有限公司上市，对重要股东的约束力度更大，一家知名的上市公司，大股东和董监高都是知名人士，他们的一举一动都会受到关注。甚至有许多记者和自媒体，像守明星一样守着他们，寻找他们的报料。一旦股东有问题，公司的股价就会受到影响。还有大股东之间的"内斗"，股东多了难免会产生"派系"，虽然是企业内部的事情，但上市以后就不一样了，"内斗"也会影响外部市场。我们平日看新闻，也经常看到类似的情况，某公司高管出现不良作风，经过媒体这么一炒作，各种报道就铺天盖地。总之，大公司无小事，大股东约束大，股东的状况会影响股票的波动。

所以，对于章程的控制就尤为重要，不仅要聘请专业律师、高级会计师，还要有法务部门，从各方面对公司章程把关。

六、优先股

优先股，概念极其复杂。首先，这是一个从海外引进的股权操作方式，国内运营用的并不多，不算一个高频次的股权控制工具。美国早在 19 世纪就诞生了优先股，有 100 多年优先股发行经验，是全球最大的优先股市场。在中国香港地区，优先股也比较成熟。

其次，优先股在海外上市公司比较常用，国内上市并不算成熟。因为国内和海外对于上市的要求不一样。国内要求公司必须同股同权。这就限制了许多公司，不能使用优先股。

优先股目前在国内上市公司的使用率并不高，据统计，2018年以前，A 股上市公司有 3467 家，仅有 46 家公司发布了优先股，占 1.3%；新三板挂牌公司有 11630 家，仅有 29 家公司发行了优先股，占 0.24%。

优行股往往和后配股放在一起。优先股股东放弃了部分表决权和召开股东大会的权利，还放弃了请求、主持、参加和委派股东代理人参加股东大会的权利。放弃了这么多的权利，获得了股权优先分配的权利，还有剩余财务分配的权利。

后配股正好相反，股东通过配股增加股票，然后享有公司经营权和重大事情决策的权利。优先股是股权变化以前获得了权利，后配股是股权变化以后获得了权利。两种股都受《公司法》和公司章程的约束。

另外，优先股就是一部分股东放弃了"权的支配"，获得了"钱的分配"。另一部分股东则获得了更多的"权的支配"。两种股权，各取所需。钱的优先分配，风险较低。权的优先支配，风险较高。通过钱与权的游戏，达到控制公司的目的。

七、AB 股模式

AB 股也是一个盛行于美国的企业概念，所有上市与资本类的手段，基本都出自美国。美国的工业发展时间较长，许多创新，比如互联网创新、金融创新，都源于工业发展。在企业创新的过程中，会不断融资，尤其是用股权来融资。经历了多次股权融资，公司的控制权就会发生改变。

企业经过几轮融资，创始人和创始团队的股权比例会越来越小，权利也会变得非常小。但不能因为融资，丢掉公司。这时人们就想到一个办法，股份可以稀释，权利并不减少。做到同股但不同权，这样就不会因为融到了钱而失去了控制权。这就是二元制的股权结构，称为 AB 股结构。

AB 股结构的逻辑在于，股票分为两种投资权：普通投票权，也就是 B 类股，一股有一票投票权，由普通股权东持有；A 类股投票权，一股等同于 10 倍的 B 类股。那么持有 A 类股的股东，就能用少量的股票，达到控制公司的目的。毕竟，A 股是 B 股的 10 倍，甚至还可以规定为 20 倍。例如，京东就是采用了 AB 股，刘强东所持的股票，1 股等同于 20 票投票权，所以刘强东拥有的投票权近 80%，他一直掌控公司。

AB 股的优势和劣势都特别明显。先说优势，企业可以通过 AB 股，保护创始团队，让他们通过融资更好地发展公司。如果创始团队在股权融资的过程中失去了控制权，那所有奋斗就前功尽弃了，公司做大了，归属于资本团队，没自己什么事了，这就不好了。也不是没有这样的案例，好多创始人，随着公司做大，自己出局了。

根据 AB 股模式，可以让创始团队尽情地追求创新，不受投资者干扰。比如百度、腾讯、阿里巴巴这些公司都是经历了多轮融资，股权都在稀释，但控制权还掌握在创始团队手中。

以上是 AB 股的优势，再看劣势。AB 股模式适用的范围很少，仅适合三类企业：科创板的上市公司、增外上市公司、有限责任公司。

科创板的上市公司允许特别表决权的股份，这标志着中国股市正式引入 AB 股制度。境外上市交易所接受 AB 股制度的有纽交所、纳斯达克交易所、香港联合交易所等。有限责任公司可以通过公司章程来约定分红权、表决权、优先认购权，这算是中国式 AB 股逻辑，但不是真正的 AB 股。因为我国一直有同股同权的限制，做了任何"同股不同权"的控制手段，都是暂时过渡的。如果公司改为"股份有限公司"，AB 股的方式就要作废。

　　AB 股模式还有另一个劣势，因为同股不同权，大股东和中小股东所获利益可能会不一致，内部投票权就会失衡，可能会损害中小股东的利益。大股东因为有控制权，可以快速决策，不用通过所有股东的表决。但是决策一旦失误，大股东会受到利益损失，中小股东就会变成"陪葬品"。

　　比如有的公司投资新能源汽车企业，盈利 100 亿元，决策正确。大股东获大利，小股东获小利。但是公司有了钱，去投资芯片产业，亏损 100 亿元。这时大股东会失利，小股东无利可失了。一个身家千亿的人，损失 100 亿元不算什么，可以东山再起。一个身家百万的小股东，股权一下就归零了。

　　现实中有这样的案例，聚美优品创始人陈欧，持有 34% 的 B 股，掌握着公司 75% 的投票权。陈欧有绝对的控股权，他开始施展自己的各种计划。公司账面上有 4 亿美元，但是不向股东分红。他将 6000 万美元投资新能源汽车移动充电项目，结果导致亏损。他还擅自尝试私有化聚美优品，引起股价下跌。这就是 AB 股模式带来的后果，决策对了，大家一起赚。决策错了，小股东归零了。

　　因为 AB 股模式的劣势，上市平台和政策监管一直比较严。宁可不让"同股不同权"的公司上市，也不让 AB 股模式损害中小股东和广大股民的利益。但是时代在进步，资本市场的法律法规也在完善，政策监管能力也在提升，股民的认知水平在提高，未来，AB 股模式的公司会慢慢多起来。

　　最后对这七种控股策略做一个总结。七种控制方式，按优先级来说，有限合伙公司是首选，其次是金字塔股权架构。现在许多企业，基本都是多层结构，层层控股，这个股权知识已经很普及了。再次是一致行动人和委托股票权两种方式，这是两种过渡的方式。最后的优先股和 AB 股适合上市公司，非上市公司可以用其逻辑原理。比如把优先股和 AB 股的内容写进公司章程中，对公司实现控制。

第 12 节
股东大会宣导的十个要点

确定分配股份，确定分配人员，确定分配比例，确定分配合同，就这么悄悄合作吗？不管公司大小，总要有一场仪式感拉满的活动吧？

选一个特别的日子，办一个隆重的签约仪式。要铺上红毯，用两个红本，各自签完，交换红本，再签字。签完以后，合影留念。其实合同条款都协商过，合同也已提前看过。现在做的，不为别的，就是仪式感。

这样做有什么好处？签约人有荣誉感，这可是人生高光时刻。参与人会有向往感，也想有这样的仪式，有企业文化。怎么建设企业文化？就是要做一些有仪式感的事情。仪式感设计得越好，企业文化越浓。设计得好，不是铺张浪费，也不是现场派车发钱，而是要宣讲，要有一定高度的发言。

但是好多企业领导，对于发言感觉特别头痛。一种情况是平日说得太多，已经没神秘感了。另一种情况是从来不在台上发言，人越多越胆怯。让助理写的发言稿，都是清汤寡水，没有内涵。全是激励，没有亮点。

其实只要讲价值就可以，既然是股权分配的大会，那就围绕股权来讲价值。归纳总结，股东大会宣导的十个要点见图 2-4。

01 股权可以发挥团结的力量

02 股权是事业，分股就是分享事业

03 股权是企业文化的核心

04 股权的另一面是投资，你愿意投资吗

05 既要享受股权的好处，也要承担相应的责任

股东大会宣导的十大要点

06 企业和股东是平等的，也是对等的

07 因为合伙，才有未来

08 股权本就是商业机密

09 股东是四梁八柱，支起平台这个大厦

10 今天是公司的里程碑，也是每个人的高光时刻

图 2-4　股东大会宣导的十个要点

第一，股权可以发挥团结的力量。

团结就是力量，那怎么团结呢？就是靠股权来团结，有股权的是一个团队，叫合伙人团队。没有股权的骨干，是核心团队。没有股权的员工是个大团队，一共有三个圈。外圈的人要进步，就要进入中间圈子，成为骨干。中间圈子的要进步，就争取早日进入合伙人圈。

在科技和智能面前，连锁门店要跟随时代升级，要学会借助科技的力量，打造精兵强将团队，人少利润多。

第二，股权是事业，分股就是分享事业。

发工资，发奖金，这是职业行为，分配股份是事业行为。只有股权分出来，老板才有底气。大家共同努力把企业做大，先从奖金开始，再到期权，然后到股权。踏踏实实进步，安安心心分股。

站在员工角度，入职一年之内的员工，奖金有优势。一年到三年，期权分配有优势。三年以上，股权激励有优势。事业是长期的，所以只有分股份，才是分事业。事业能分给多少人，事业就能做多大。如果不分，事业只会局限于一个门店，局限在一亩三分地，变成铁打的门店、流水的店员。

第三，股权是企业文化的核心。

文化是企业的魂，股权是文化的根。有魂可以让大家积极向上，有股可以让大家动力无限。钱和动力哪个重要？没钱的时候，钱更重要。有钱以后，文化更重要。

比如旅游，有的公司一年有两次旅行，一次国内，一次国外。在别人眼里，旅游就是"花钱找罪受"，何必外出凑热闹。在当地选一个地方，吃吃喝喝有多好。这就是用物质来衡量文化，其实外出旅游，核心不是受罪，也不是消费，而是长见识。

见识有高有低，到外面看看别人的门店服务，思考自己的店有什么可改进的地方。全球的知名企业，并不是所有人都可以参访。但全球的门店，外出旅游就可以感受得到。吃喝玩乐，不都在门店里吗？而且外出可以激发人的工作热情，更多地回报企业。

当然，只要外出，就有20%店员的心会变得特别浮躁，因为他在比较。这不用怕，如果没有旅游，没有见识，有80%的店员会变得特别浮躁。因为一直想看看，想做个对比。如果老板有心，有格局，那就要创造机会，和外面的世界比一比。不比怎么能知道有格局？

像麦当劳、肯德基、星巴克这类门店根本不会宣导股权，哪怕是店长也碰不到股份，店长和五星级咖啡师只有分红股。但是这样的平台，依然是大量很多的人首选。因为看好企业文化，在文化中成长，这就是文化的力量。

第四，股权的另一面是投资，你愿意投资吗？

公司释放一些股权，给骨干员工一个"进入股权"的机会。可以花钱买股权，这个事带有风险，你愿意承担这个风险吗？

看到这一点，大家要明白，股权分配尽量选在公司向上发展的阶段，而不是下坡的阶段。股权也要在业绩比较好的时候来分配。在好的阶段，花钱买股。在不好的阶段，用策略分股。

第五，既要享受股权的好处，也要承担相应的责任。

企业有三份责任，一是股东的责任；二是创造价值的责任；三是提携新人的责任。

成为股东，会享受股权的分配，也要承担股东相应的责任。股东会受到公司的约束，也会受到《公司法》关于股东的约束。股东是一条船上的人，要为这条大船负责，不能让船漏水，更不能翻船。否则，大家都会葬身海底。

成为股东，也负有创造价值的责任，我们可以分到股权，这是公司和领导给予的肯定。我们要给公司创造价值，从而获得分配和收益。这不是价值交换，这是信任的交换。要明白，在公司平台上，我们创造价值，可以获得收益。换个平台，或者自己造一个平台，不一定能有这样的收益。

成为股东，不免有提携新人的责任，能力是私有的，也要贡献出来。这不是"教会徒弟，饿死师傅"，而是做人的原则。你说一个人有什么能力，是别人完全取代不了的？如果有，也只是20%的核心。既然已经成为股东，就不要搞技术封锁了，一旦技术出问题，那就是掌握技术的人的责任。

股权和责任是对等的，股权越多，责任越大。老板不分股，那船漏了，就老板一个人修船。船翻了，只淹老板一个人。

这五个核心要点，可以用自己的理解宣讲出来，可以加上自己的经历。要明白，一个门店老板，当年一定是在门店里当服务员的。因为悟性好，吃苦耐劳，做成一家门店。然后又做到城市前三强，最后做到全国连锁，这样的故事讲完，可以让大家热血沸腾。

只要是真实的经历，就能产生共鸣。编出来的案例，是无法产生共鸣的。

第六，企业和股东是平等的，也是对等的。

过去我托你们的福，有了今天这些成就。明天开始，我们一起创造未来。只要公司在，股权就在。我们是平等的，也是对等的。不是我在养你，也不是你在养我，是我们互相供养。

第七，因为合伙，才有未来。

我们有各自的过去，我们拥有共同的未来。未来属于我们每一个人，我们每个人都能带公司走向未来。

第八，股权本就是商业机密。

只要我们签了合同，这就是我们共同的机密。我们要守住机密，不要出卖公司。出卖公司机密，公司可能会一败涂地。出卖公司的人，就有人生污点，从此以后，不会再有任何人与你合伙。

第九，股东是四梁八柱，支起平台这个大厦。

大家是支柱，要进步，更要同时进步，任何一根顶梁柱跟不上步伐，平台就会倾斜。只有共同进步，才可以共同富裕。

第十，今天是公司的里程碑，也是每个人的高光时刻。

第 13 节

股权最终要沉淀五种价值

股权伴随着一个门店公司自始至终的进程，从注册到注销，股权一直都存在。股权起到的作用，不仅是分钱，不只是留人，还有沉淀出的价值。一家公司之所以被认为是伟大的，并不是因为分配了股权，缔造了一批亿万富翁，而是因为给社会带来了价值，给用户带来了价值，甚至给后面几代人带来了价值。伟大的公司，并不是因为股份伟大，而是股份沉淀的价值伟大。

有了这个感悟，就可以将股权操作提升一个境界。同样是分配股份，如果你说，股权是给大家分钱的，那你的合伙人，就是钻到钱眼里的。如果你说，股权是给用户带来价值的，有一些高手就会靠近你。逻辑无对错，境界有高低。什么思维吸引什么样的人，什么逻辑吸引什么样的人。为什么一些上层人物你接触不到？因为你除了钱无话可说，他们就不会跟你在一起。

如果一开始就讲股权价值，那股权就操作不下去了。一个门店，天天想着赚钱，必然会玩套路。玩套路的下场就是只能做一生一次的买卖。哪怕让客户办卡，试图跟他做一年 10 万元的买卖。但这个会员卡里，也有更多的套路。

现在有许多门店的小花样、小手段、小套路流传出来，就是因为讲师在传播，这都是无法复制的套路。今天还是经典案例，明天就可能消失了。今天还在吹嘘利润，明天就可能被市场监管部门吊销了。

归根结底，买卖的心态难以成就连锁企业，赚钱的思路难以做成连锁巨头。连锁企业靠的是价值沉淀，有哪五大价值呢？即专业价值、专利价值、品牌价值、文化价值、客户印象价值（见图 2-5）。

第一，专业价值。

海底捞，从成立第一家门店，就是一桌一桌地盯服务。观察客户就餐的心理，不断改善服务。海底捞这些服务，都是他们用心体验来的吗？这都不是复制其他门店的。

西贝莜面村，成立的时候，也是一桌一桌盯服务。后来做大了，这个传统还是没改变。就是盯着每桌的菜，就怕客户吃不

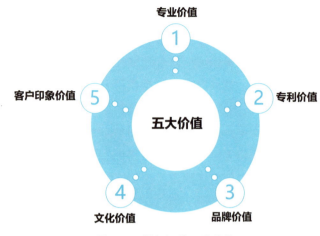

图2-5　股权沉淀五种价值

好。客户吃不好怎么办，那就退菜。大老板允许退菜，经理不愿意退菜，后来总部干脆定了规则，要求每家店必须有2%的退菜率。就是100道菜，要有2道菜是退钱的。这样做是为了末位淘汰。有淘汰的菜品，才可以上新菜。如果没有淘汰，那菜品不是越来越多吗？

　　如果你在晚上8点去西贝吃饭，你会发现服务员守着你，你有一道菜吃了一半，他就会问，是不是这道菜不好吃，要不给你退了吧。如果你说不是，是因为自己点多了。服务员还是会让你退掉。这就是专业，为客户着想。因为专业，客户越来越多。

　　瑞幸咖啡，刚开始拓展客户，买一杯赠一杯。然后用手机号推荐，推荐一杯也送一杯，就是给用户"薅羊毛"。有的人手里有五六张手机卡，互相推荐，瑞幸不管，鼓励你"薅羊毛"。为的就是让你体验一次咖啡，只要喝过一次，基本还会再点，这就是专业价值。后来瑞幸财务造假，消费者根本不在意，只要咖啡不造假，其他不管那么多。看现在的瑞幸，已经全盘由资本接手，以后发展会加稳健。

只要行事严谨，服务到位，不和客户玩套路，你就有生存的价值。只要你专业，一个月时间就能甩掉同一街道的所有门店。只要你专业，一年时间可以甩掉全国同行。

山东淄博烧烤，大家都知道吧，已经火热了很久，未来可能会继续火爆。他们凭的是什么，就是拼专业。如果他们烧烤不好吃，客户一夜之间就流失了。

第二，专利价值。

专业往往伴随着专利。西方国家喜欢注册专利，早年我们用的很多技术，都要给他们交专利费。近年来，我国也注重专利。华为每年有上千个专利，现在累积有几万个专利。中小民营企业，也有专人负责专利申请。只要有独到的创意、独特的包装，都会申请专利。

我们做门店的时候，首先把店名进行商标注册，其次是把产品的秘方也注册成专利，服务也要注册专利。比如做酱油，有独特的酿制方法，要申请专利。如果正骨的手艺是祖传下来的，也要申请为专利。有了专利，就可以保护知识产权，可以赚更多钱。有人认为，祖传的正骨手艺有效果，就是太过于简单，不好意思申请专利。其实这是一个误解，就是因为简单，正骨才有效。因为有效果才让这门手艺传承下来。我们看的电子书，那个翻书的动作，苹果都申请了专利。在上面这么一划，用的力不一样，还会有不同的翻书效果，这就是苹果的专利。

乡村基，最初叫乡村鸡，后来改名为乡村基。改名以后，在纽交所上市，这是第一家在美国上市的餐饮连锁。门店做大，离不开技术。技术离不开专利，没有专利，就没有标准。有了标准就可以连锁复制。

第三，品牌价值。

公司名不一定是品牌名，产品名也不一定是品牌名。在中央电视台花一个亿广告费，不一定能砸出一个品牌。品牌是沉淀出来的价值。可以坚守的价值，才算品牌。如果一年一变，那就只是个名字。

比如红牛，一说到功能性饮料，就想到红牛，困了累了喝红牛。后来红牛把口号改为：你的能量超乎你的想象。红牛的品牌合作到期，泰国那边回收了品牌。这时人们才知道，原来红牛这个品牌是泰国的。但是不管品牌归谁，只要品牌在，销量就在。我们喝可口可乐，其实喝的也是品牌。可口可乐在全球有数不清的生产方，我们不会管它是哪里生产的。只要有品牌，就只认品牌。

对于门店，没有品牌，做不成连锁，只能是多店。有了品牌，才可以统一标准，做成连锁店。

第四，文化价值。

企业内部的文化，会成为行业的文化。企业内部的标准，也会成为行业标准。有没有发现，肯德基和麦当劳，他们就建立了快餐的文化，他们的餐具风格、装修风格、服务风格，都成为行业文化了。只要是这样的风格，人们一眼就能认出，这是快餐连锁门店。

第五，客户印象价值。

公司会消失，工厂会消失，门店会消失，那什么可以留下来？专业技术和专利技术会留下来，如果人员都各自散去，还能留下什么？那就是客户印象。这个价值相当于活在客户的心中，如果客户把这个产品忘了，那产品和公司就彻底消失了。如果客户有印象，这个产品还可以卷土重来。

比如可口可乐，工厂没了，公司没了，上游供应商也没了，但可口可乐可以卷土重来，因为客户心中对可口可乐还有印象。重新建工厂，重新生产，客户依然会认可。这个价值才是万世流传的。

　　看看我们身边，有许多民族品牌已经被外资收购了，但是产品的印象依然在用户心中。品牌是外资方的，股权也变成外资，配方和专利随着收购也变成外资方的。那什么留下来了？就是消费者印象。

3

第 3 章
资本与投资

第 14 节

人生资本的三大要点

企业经营的最高境界是资本运作，资本运作的最高境界是人生运作。

资本就是围绕人在转，而不是围绕事情在转。初级的资本观：我是资本的囚徒，我被资本所困。中级的资本观：我是资本的主人，我可以驾驭资本。高级的资本观：我是别人的资本，别人做大事、做大生意离开我不行。他的事业再大，有我才完整，这是资本的高级境界，也叫高级资本观。

初级资本观，是技能型资本，比如职业技能，有了这样的技能，可以加速完成一件事，从而把资本变现。中级资本观，是影响力资本，比如专利、品牌。有了这样的品牌，可以把一件事扩大影响力，引起更大的注意力，获得更大的市场，从而变现。高级资本观，是控制力资本，掌控一些人，获得他们的追随。

初级的资本观，是运营人的身体素质、心理素质、技能水平。中级的资本观，是运营人的价值观、忠诚度、认知程度。高级的资本观，是用天下人才，做天下事业，这是最大的资本。高级资本观，财富只是数字，资本只是工具，最终为的不是财富，而是人们的幸福。

那么，如何经营人生资本？其就是三个要点：时间、信用、机会（见图 3-1）。

图 3-1　人生资本的三大要点

人生资本第一个要点是时间。

时间对每个人都是公平的，地球上的人只有时间是相同的，其他都不同。有的人长得胖，有的长得瘦。有人长得高，有人长得矮。有的人出生就是含着"金汤匙"，有的人出生就一无所有。每个人命运不同，但是时间相同。随着时间变化，人的财富也发生变化。这时人们财富积累速度就不一样，有的人一天赚 200 元，刚刚能养家糊口。有的人一小时就要 2 万美元，比如负责跨国业务的法律顾问，他的时间就是这么昂贵，一小时能赚普通人一年的钱。

虽然人的时间相同，但是时间的浓度不同。浓度决定人的资本价值，有了丰富经历、丰富经验，可以让时间浓度变得更高。时间长度虽然相同，但是效率也不同。有的人效率高，一天可以抵别人三天。有的人效率低，一天花在刷视频、打游戏、发呆上面，就有四五个小时，他的效率相当于别人的三分之一。效率不同，所产生的结果不同，最后人生资本也完全不同。

企业在招聘时，除了看纸面的个人介绍，也会通过问话了解对方办事的效率，从而判断他对公司是否有价值。当正式入职后，公司对其也是以时间转化效率来考核。越过时间效率线，不仅可以获得奖金，还能获得晋升。低于时间效率线，可能面临淘汰。公司也会提供一些实战的培训，提高员工的办事效率、沟通效率。当企业把人力资源变成人力资本，把考核从资源变成资本，公司才能蓬勃发展。

时间有三大特质。第一大特质，时光一去不复返，时间在不停地流逝，无论是个人还是整体，都无法阻止时间的推移。永远记得，珍惜什么也不如珍惜时间。珍惜时间，就有机会获得一切，因为时间是一去不复返的。错过眼前，以后可能不再来。对于投资，必须珍惜时间。在有限的时间里，必须谨慎，错过一步就没有挽回的机会。你出门时遇上下雨天，还可以返回家里取雨伞。事情可以挽回，但时间不能挽回。当你回去一趟取雨伞时，可能会错过一个重要的机会。

时间的第二大特质，一寸光阴一寸金，寸金难买寸光阴。相对于宇宙的漫长历史，人类的存在只是短暂的一瞬。然而，人类却能够通过自身的智慧和创造力，在短暂的时间里创造出丰富的文化和科技成果。时间是无价的，其实投资表面上是投一个事情，实际上投的是时间。当你的钱进入对方账号，你是在时间这个维度增值变现的。所以，不要把时间浪费在无效的事情上，浪费在无效的人身上。

时间的第三个特质，对每个人都是公平的，每个人都只有 24 小时。但人与人之间的差别却在于如何利用这 24 小时。我们不能控制时间，但我们可以掌握时间。时间虽然不能被逆转或停止，但我们可以选择如何度过每一天。

实现资本的时间价值最大化，不让资本实现价值最大化是最大的浪费。资产最大化的同时，要保证社会责任，不要做伤天害理的事，更不要做欺诈用户的事。否则，天网恢恢，疏而不漏，法律会给予制裁。资本的价值不能重来，资本是否能增长，经常就是靠时间。这个时间段可以增长，过了这个时间段就无法增长。而且现在受科技与互联网的影响，这些增长的"波幅"大大减弱，有时候过一天，增长的机会就消失了。

人生资本第二个要点是信用。

信用极为重要，人生的信用是指一个人在道德和伦理方面被信任和信赖的程度。这种信用是通过个人的行为和表现来建立的。一个有信用的人通常被认为会遵守道德规范、诚实守信、有责任心、有良好的行为记录等。这种信用可以建立在个人生活和职业领域中，也可以建立在社会和政治领域中。

一个人有信用，能够获得银行的贷款；否则，将无法获得银行的贷款。而贷款就是资本的一个行为，做任何投资，前提条件就是信用。投资人看中你的项目，他首先要做尽职调研。既然看中项目，为何还要详细调查？其实是在调查过程中，对你的信用做详细的了解。

有的人要创业，周边的亲戚、朋友、前同事就会给他投资，或者直接追随他一起干。具体创业做什么，还没有去分析和研究，就决定合伙了，这就是信用。因为大家认为他是有信用的人，跟着他未来会有前途。有的人曾经借钱给他，他也信守承诺，然后就完全相信他。

但是有另一种人，他要创业，周边的亲戚、朋友、以前的同事就会回避，大家猜到他可能要借钱了。他是不守承诺的人，借了钱可能有去无回。而且借钱做生意，将来生意做大，还给别人的还只是本金。既然自己创业有很大的把握，为什么不和别人合伙，一起做事一起分钱？这就是人的信用经营。

如果是天使投资，主要是投资创始人和合伙团队。天使投资人主要是看人，只要看中人，后面一切都好说。许多团队就是赢在信用，他们没有豪华的办公室，可能就在普通的写字楼里，或在一个废弃的工厂里，依然受到投资人的青睐，因为信用大于项目。有了投资，就可以更换设备，更换工作场地，招兵买马，加速发展。

然而建立人生的信用是一个长期的过程，需要不断地积累经验和展现良好的行为。一旦建立了信用，人们就会信任你，并愿意与你合作。要建立人生的信用，需要做到以下几点。

第一，遵守道德规范是建立信用最基本的条件。这意味着要遵守社会公德、尊重他人、不欺骗、不撒谎、不偷盗等。

第二，诚实守信是建立信用最重要的因素之一。要始终保持诚实和真实的态度，不欺骗他人，不传播虚假信息，不违反承诺等。

第三，有责任心是建立信用的重要因素之一。这意味着要对自己的行为负责，承担自己的责任，不推卸责任，不逃避责任等。

第四，良好的行为记录是建立信用的重要因素之一。这意味着要有良好的行为表现，包括工作表现、社交表现、家庭表现等。

第五，不断学习和成长是建立信用的重要因素之一。这意味着要不断学习新知识和技能，提高自己的能力和素质，不断适应变化的环境和社会需求。

所以，我们要经营好个人信用，珍惜信用，就像珍惜时间一样。优质的信用系统是事业持续成功的保证，持续是越来越好，没有信用系统支持是无法做到的。

人生资本第三个要点是机会。

　　机会只给那些早有准备的人，做好准备的人才能抓住机会。人有多少钱不重要，有多少好的机会才重要。人获得机会的概率，也会受到信用的影响。信用不好的人，不会遇上好的机会。我们要像珍惜时间一样，珍惜每一次机会。

　　人的一生，有七次机会。这七次机会，是根据一生每个重要阶段，用大数据总结出来的。每个人的机会都差不多，但有的人在机会到来时，完全没有珍惜。有的人能够抓住机会，进而达到人生的飞跃。

　　第一，家业机会。大约在 22 岁，也就是走出校园，步入社会的时间。这是家族留给的机会，在进入社会之前，每个家族会留给孩子一些机会，有的机会是一大笔财富，有的机会只是一些忠告。留下了家业，也未必是个机会，有的年轻人拿这笔钱去挥霍，不仅没做出一番作为，变得飞扬跋扈，甚至把父母的荣光都给败坏了。

　　第二，学习机会。大约在 32 岁，这是确立自己职业方向的机会，也是人生第一个重要的十字路口。这个阶段，决定人们的前途和命运。这个阶段，学习就是最大的人生战略。

　　第三，创业机会。大约在 39 岁，这时已经换了两三个工作，有了经验、人际关系、财富的积累，然后出来创业。这时一起创业的人，往往就是以前一起共事的同事。

　　第四，成长机会。大约在 46 岁，这时的工作会上升一个台阶，处在一个十字路口，进一步可以让公司上市，退一步可以退居二线，只负责董事会，不做具体事务的管理。这两条路，都是事业巅峰的写照。

　　第五，社会机会。这时的机会，是成为社会活动家。这时已经有了一定的社会地位，需要维护好人际关系，从而实现人生第二春。也可以用这些关系，再创造一个公司。

第六，投资机会。成为投资人，投资一些企业，指导他们成长。到了这个阶段，就会理解到，真正的投资就是投人，看的是人的信用，其次才是具体项目。项目谁都可以做，世上所有成功的项目都不是独一无二的，能否做成功，主要取决于操盘的团队。而且如果在别人身上看到自己当年的影子，往往会给予投资。

第七，健康机会。在这个阶段，最大的资产就是健康，而且是身心综合的健康。这时的生活基本是养生状态，不会胡吃海喝，更不会熬夜，而是有自己的作息规律。然后会培养一些兴趣爱好，比如养鱼、书法、演讲，还有人把自己的人生经历写成一本书，让这本书成为别人的指路明灯。

以上是人生的七个机会。人只有在几个特别阶段才会拼财富。所以不要纠结于钱，当别人比你有钱，你却比别人健康，他们的财富就只是浮云。

第 15 节

深入尽职调查，把关投资风险

尽职调查，是发生在有投资意向和正式投资之间的一个必要流程。当一个企业要融资了，投资人有意向了，就会做尽职调查。调查是全方位的，只要有一个环节不合规，有一个环节不满意，有一个阻力无法消除，都会导致投资失败。

只要启动尽职调查，企业必有大事。这些大事中，有利的事有融资、投资、并购、资产重组。不利的事，比如负债调查、资产清算、法律问题、财务和税务问题，都会面临尽职调查。

尽职调查在商业决策中至关重要，通过调查可以评估项目、评估价值、评估风险。

企业尽职调查有三种类型，投资人调查、第三方机构调查、企业自查（见图 3-2）。让我们思考一下，哪种调查最重要？

图 3-2　企业尽职调查

我们把尽职调查的逻辑用在体检上。第一种情况，假如我们得病了，走不了路，起不了床，就必须去医院，让医生来检查。第二种情况，我们感觉身上有点不对劲，又不清楚到底哪里不对劲，但是不影响走路和吃饭。这时去体检，做各种检查，然后把检查结果交给医生，做综合判断，最后得到一份病历，这个过程就是标准的"人体健康尽调"，和企业调查的逻辑是相通的。第三种情况，身体很健康，各项指标都正常，每年定期去检查一下。

哪一种尽调效果最好？显然是在健康之时去检查，效果最好。看到身体各项指标正常，心情也好，日后的生活会更有规律，更注重品质。如果有一次发现某个指标的数据略高，可以提早做好预防。这一逻辑就是企业的自查。

人的健康状态，就像企业的发展状态。人的健康投资如同企业的融资，人的体检就像企业的尽调。健康的时候，会有更大的发展前途，也容易找到朋友、知己、配偶、贵人，还容易找到机会。企业就是人的组合，经营企业和经营个人，原理是一样的。不要等到发展出了问题才想到检查，不要等到现金流困难才想到融资。要在发展状态良好的情况下，或者阅读到本段文字之后，就安排一次调查。对过去三年的业绩进行总结，对组织架构和骨干人员进行盘点，对公司资源和上下游进行盘点，然后得出结论，公司哪些方面还需要加强，哪些方面可以吸引融资。

提早自查，不只是为了发现问题，还要找到"长板"，有了长板才有融资的可能。但是，许多公司总是在出问题、现金流不足的时候，才想到融资。这个时候，投资人对企业的尽调结果往往不满意而不愿投资，因为企业已经有一个大窟窿，要投钱先补上这个大窟窿。越有问题的企业越是融不到资，越没问题的企业越能融到资。站在投资人角度来看，一个企业发展势头迅猛，他也愿意投资，让企业更好地发展。这样可以获得几倍的回报。

所以，尽职调查主要有三种调查形式，投资方调查、第三方调查、公司自查，公司率先自检效果最好。当企业遇上融资或投资，在此基础上调查，就水到渠成了。

一、调研手段

实际调研时，有三个主要手段。一是问卷调查，二是人员访谈，三是信息调查。

1. 问卷调查

问题都是提前拟好的，发给企业方，让企业自行填写。这个方法的优势在于，可以同一时间收集到多份调查报告，汇总在一起来分析，找出共性和不同。缺点在于，有些信息并不准确，甚至带有误导性。

2. 人员访谈

主要找关键人员访谈，常见的形式是一对一访谈、二对一访谈。不要多对一访谈，这样会给对方太大压迫感，最后无法获得真实情况。

3. 信息调查

就是通过从网络上寻找的信息来判断，其实这一步是任何公司、任何组织都一定会做的。在网上搜索对方的企业、老板的情况，尽可能详细。还可以在企业征信网站上查询，比如企查查、启信宝、天眼查这类网站，可以查到公司的经营情况、注册情况、仲裁情况、风险情况，甚至还有预警情况。

这三种调查，哪一种效果最好？没有最好，三种方式要同时进行。

尽职调查中最重要的环节是人员访谈，有三个调研对象。一是本公司员工，二是合作伙伴和上下游商家，三是用户。

二、访谈本公司员工的技巧

本公司的访谈对象，不止有老板，还有创始团队、骨干团队和边缘人群。

越是核心人士，访谈越有深度。越是边缘人士，访谈越有广度。比如访谈创始团队，不仅要了解他们的专业背景、经验背景，还要了解他们的生活习惯、婚姻状况。因为股东的婚姻和股权息息相关，如果创始人是在结婚之后去创业，那他的股份要有配偶一半。如果是结婚之前已经有创业项目，婚后把这个项目做大，或者做上市，那么配偶就不能占有一半。

《中华人民共和国民法典》第 1062 条规定，夫妻在婚姻关系存续期间所得的生产、经营、投资的收益，为夫妻的共同财产，归夫妻共同所有。出资发生在婚姻关系缔结之前，则属于夫妻一方财产；出资发生在婚姻关系缔结之后，属于夫妻双方财产。因婚姻期间持有股权而获得收益，属于夫妻共同所有，在离婚分割时，按照夫妻共同所有财产进行分割。所以，股权持有人的婚姻状态、感情状况也要了解清楚，并且对离婚做出应对。

同时，对创始团队的生活习惯也要有所了解，以此来判断公司的风气。比如有的公司高层喜欢打球，喜欢在球场上与客户联络情感。有的公司高层可能喜欢爬山，还是世界前十大高山，这也是一种风气。还有一些公司高层，根本就不开会，有什么事就在"高管群"里知会一声，非常简单。

尽职调查时，对于创始团队，就要尽可能详细地了解，以方便日后大家更好地协作，方便日后投资。要明白，一个人的习惯有偶然性，一群人的习惯就是必然。有些习惯，会帮助企业做大做强。有些习惯，注定在发展中埋下大隐患。

对于骨干成员，同样要特别关注。骨干是公司的支柱，在访谈中了解他们的思维逻辑和收入情况。如果发现有的骨干还接私活，在外面做兼职，这就有问题了。要么公司给的钱不到位，要么是制度不到位，要么是文化不到位。钱给得少无法让人专注，毕竟人人都要赚钱。制度不到位，给兼职留下空当。文化不到位，一人赚外快，会带动其他人跟着赚外快，还会互相介绍对方赚外快。出现这种情况，都会带来投资风险。

对于边缘人群同样要做好尽职调查，这是被公司忽视的人群，但他们往往会讲出公司的真实情况。如果去调查一家公司，和保安吃了两顿饭，他会不知不觉讲出一些现象，甚至会直接表达心中的不满，比如有的高管开车，门口的闸机只要晚开 3 秒，就会遭到一顿臭骂。这就是现象，可以通过现象判断本质。边缘人士可以作为调查的突破口，而不是作为证据。毕竟这是投资不是破案。

对于这三类人群，创始团队的每个人都要访谈；骨干成员是根据岗位来访谈，重要的岗位都要访谈一遍；而边缘人群具有随机性，尽可能多找几位，在非正式场合下交谈。同时，访谈人不要太过于正式，又是穿西装，又是录音笔，又是摄像机，这样的阵仗往往得不到想要的消息。其实跟他们吃顿日常便饭，就能获得想要的消息了。

三、尽职调查的内容

尽职调查的内容，主要有三类：一是有形资产；二是无形资产；三是隐形资产（见图 3-3）。

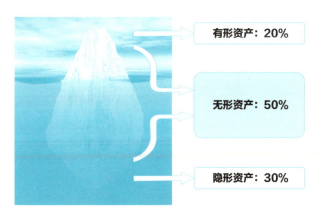

图 3-3 调查的三类资产

1. 有形资产

有形资产指企业所拥有的实物形态的资产，包括固定资产、存货、货币资金、应收账款等。包括生产的有形资产和非生产的有形资产。生产的有形资产是指生产活动创造的资产，非生产的有形资产是自然提供未经生产而取得的资产。生产的有形资产包括有形固定资产、存货（库存）和珍贵物品。其中有形固定资产又按住宅、其他房屋和建筑物、机器和设备、培育资产分类核算；存货按原材料及用品、在制品、制成品、转售货物分类核算。非生产的有形资产包括土地、地下资产、非培育生物资源、水资源。

2. 无形资产

无形资产指企业拥有或者控制的没有实物形态的可辨认非货币性资产。

无形资产不具有实物形态，但可以从企业中分离或者划分出来，并能单独用于出售或转让等，如专利权、商标权、著作权、土地使用权等。这些无形的资产虽然无法像有形资产那样直接体现在企业的资产负债表上，却能在企业的生产经营活动中发挥出巨大的作用。

无形资产按照性质划分，可以分为知识产权类、权利类、关系类和声誉类。按照法律属性划分，可以分为可辨认无形资产和不可辨认无形资产。其中，可辨认无形资产包括专利权、商标权、著作权、土地使用权等，而不可辨认无形资产则包括商誉等。

无形资产中的知识产权，又分为低值产权和高值产权。低值知识产权包括商标、域名等。商标并不是品牌，商标可以直接注册，品牌却要长期形成。所以许多公司即使申请了很多商标，在融资方面，也不能给企业加分。但是如果商标变成知名品牌，就是高值知识产权。

高值知识产权，比如当下在用的专利，是有价值的，而且可以授权给其他公司，获得专利费。

无形资产的调查比较难，但无形资产的价值比有形资产更高。无形资产往往依附在有形的资产之上，而且会随着市场变化而变化。

专利和商标可以保护企业的技术成果和商业利益，非专利技术可以增强企业的生产效率和市场竞争力。在文化方面，著作权可以保护企业的文化成果，推动文化产业的繁荣发展。在科技方面，土地使用权可以吸引更多的科技人才和企业，推动科技创新和发展。

3. 隐形资产

隐形资产是完全看不到的，而且企业可能并不知道，但它就是存在着，还深度影响着公司的发展。比如某位股东和另一家公司是兄弟，虽然没有直接业务来往，但是日常沟通会获得一些有用的情报。比如一家做手机游戏的公司，曾经和同行签过一份《避免同业竞争协议》。只要是同质化游戏，一家在做，另一家就不去开发，省得双方因为竞争各烧几个亿去推广。大部分游戏，都需要资本开路，要大量烧钱。如果直接竞争，对双方都不利。有这样的竞业合同，也是一种隐形资产。

相反，许多公司融资，就是把钱花在同质化竞争上，一轮一轮烧钱，中间还不能停，一旦停下，前功尽弃。最后花光上百亿元，两败俱伤。还有一些公司，一边烧钱推广，一边烧钱回馈用户，把同行熬死，结果就是在半年以后收割用户。毕竟烧出去的钱，都是要在用户身上赚回来的。

在尽职调查时，要把有形资产、无形资产、隐形资产都盘点出来。其中隐形资产，有可能为公司增值，也可能给公司埋下隐患。

四、尽职调查的方式

在公司融资的不同阶段，也有对应的尽调方式。

总的来说，初期的融资方式相对简单，调查也比较简单。越到后面调查难度越大，因为公司复杂了，涉及的人多了，涉及的股权也复杂了。

有的创始团队，只是有一个想法，找到天使投资人。投资人看到这个想法，然后投资 100 万元。有了这 100 万元资金，团队把想法变成现实。这个过程仅有一项调查，那就是创始人的人品。

还有一些公司融到资，投资人连办公地点都不去看，就直接投资。因为看好团队的实力，看好产品的未来，还叮嘱团队，放开手脚去干，不要担心钱的问题。这样的情况，就没有调查流程。

到了发展成熟的时候，企业规模庞大，人员结构复杂，这时的尽职调查也会复杂。调查的人员必须是专家，外行是无法完成的。成熟公司有四大核心尽调方式：财务尽调、股权尽调、税务尽调、法务尽调，简称"财股税法"（见图 3-4）。

图 3-4　尽调四大方式

1. 财务尽调

财务是企业的秘密，有些财报不一定会给投资人看。而且多年以来，许多老板喜欢做"两本账"，给老板看一份，给投资人和相关部门看一份。所以，财务尽调是有难度的。

财务直接体现企业的合作情况，商业机密都在财务上体现。企业也不会完全相信投资人，如果调查之后，拿不到投资，就等于自己的商业机密被投资人知道了。

事实上，投资人也有三六九等，确实有一些投资人是打着投资的名号，去收集行业情报，然后转手卖给其他人，以此牟利。这样的投资人在整个投资圈里，不会低于 5%。所以企业也要有所防范，调查也是为了相互信任，不能要什么就给什么。

对于企业在注册方面的情况，要做好调查。看公司有没有章程，有没有子公司，有没有关联公司。关联公司可能存在关联交易，关联交易是不是合法，都要调查清楚。

2. 股权尽调

前面讲过可以通过第三方网站（手机 App 也可），查到企业详细的持股情况。除此之外，要调查企业有没有影子股东，有没有代持股份，是不是其他公司的影子股东。这些查不到的情报，比可以查到的更有意义。

还要调查创始人的婚姻情况，不管国内公司还是国外公司，上市之前还是上市之后，婚姻状态直接决定股权结构。不要因为婚姻有变化，影响到公司的股权。所以，创始人的婚姻状态，并不是隐私，要实话实说，提早做好防范，并且用专业手段来解决。骨干人员不用调查隐私，只有对股权持有人，尤其是大股东，才必须做好婚姻情况的调查。

创始人和股东的炒股情况也要调查，炒股就是在二级市场上买卖股票。炒股其实是一个普遍性状况，许多人一边上班一边炒股。但是创始人和股东炒股，就要特别注意。他们身居高位，有内部消息，如果也去炒股，会影响到公司发展。

3. 税务尽调

税务方面，要看有没有偷漏税款的情况，有没有用其他发票来抵扣公司成本。近年来已经没有假发票的情况，都是用真发票互相抵扣。随着税票电子化，假发票基本会杜绝。以后的偷税漏税会更加高级，更加隐秘，更加难查。但是，国家的税务手段也在升级，从金税二期到金税三期，再到金税四期，让企业的税收更加透明。

企业在上市之前，税务也要合规。所以要做好自检，保证税务百分百合规。

4. 法务尽调

从法律角度来调查。比如要调查一家游戏公司，要看有没有获得相关的许可证、ICP 认证（网络内容服务商）、互联网文化经营的许可证、游戏运营相关认证等。如果是制药公司，也要看相关证书。游戏公司、药品公司，需要的许可证比其他行业要多。

这四类情况比较专业，但都是必需的调查方式，并且缺一不可。

五、尽职调查的角度

从逻辑角度上，尽调可以分为调查过去、调查现在、调查未来。

调查过去，是看企业过往的合作是否合规。许多公司爆雷，就是因为过去有诸多不合规的操作，酿成了现在的后果。就算你的操作合规，你的合作伙伴，尤其是战略合作伙伴的操作不合规，最后也会把你拖下水。对于过去的调查，可以占到 30%。

调查现在，就是现在运营的各种情况。对于现在的调查，能占到 60%。

对于未来如何调查？从现在看未来，可以做出预判。比如有的老板的经营理念就是"富贵险中求""有关系就有一切""没有送不出去的礼，只有送不对的礼"，他们有这样的理念，未来随时可能出现问题。把心思放在送礼，而不是产品上的人，都不值得投资。

第 16 节

选择合适投资人的五个要点

企业招商引资，门店分股引资，这都是为了加快发展速度。但是给投资的就是贵人吗，就没有阴谋吗？我们要擦亮眼睛，看清真相。

当你的门店经营得风风火火，有声有色，有人上门给你投资。你们几位股东，认真分析了投资计划，最后决定引进投资。投资人不同于求职者，他们是高人，日常状态都是"鹰立如睡，虎行似病"，行动时往往是"动如雷霆，一击必杀"。这些环节很难看出，投资人是否真心实意。

投资人不参与日常管理，不参与决策，也不会翻公司的账本。但是只要出手，一定是在股权上动手。动手的场景就是请你去一个豪华的地方吃饭，不是真的为了吃饭，而是为了清算。把股权重新分配，有可能把你拉下大股东的位置，也有可能让你出局，这就是行业中的"股权鸿门宴"。

这不是在编故事，现实中天天上演这样的股权战争。在一个大桌上，一个嚣张的人，旁边坐着律师、会计师、保镖，把另一个人逼出董事会。你想打官司，律师就在旁边。你想打架，保镖就在旁边。为什么会出现这样的事，就是没有认清投资的真面目，把投资变成了"引狼入室"。

所以，我们找投资人，尤其是主动找上门的投资人，要特别小心。本来全国就有成千上万的投资人，为的就是用各种手段诈骗你。怎么识别呢？有五个要点（见图3-5）。

一、看动机

门店类型的公司，主动上门投资的并不多。投资人要投资，也是找连锁企业的总部或总店。要是单店，要么规模特别大，要么潜力特别大。要是规模不大还要给你投资，就要特别小心。

有一家做猪脚饭和卤肉饭的门店，知名度不高，只能影响到三条街的范围。门店对接网上送餐业务，不到一个月，突然有一天，一位西装男上门，递上一张名片和一本画册。名片上印着"国际著名投资人"，画册上是公司简介、投资案例，还有投资团队的介绍。这位国际投资人，要为小店投资500万元。卤肉店老板马上就惊呆了，难道自己的手艺都震惊国际了吗？

投资人说，卤肉店要提供菜单、配料清单，还有银行账号。要把配料表申请专利，以后用这些打造连锁店。老板把菜单和配料表写了一份，交给投资人。投资人说，7个工作日内，有专业审计过来，对门店进行评估，到时就可以正式签约。老板以为500万元从天而降，结果是等了7天又7天，7天过后21天，都没人过来。打名片上的电话，是个空号。

这就是明显的骗局，他们要菜单是个幌子，要配料表才是真的。而且投资款怎么可能转银行卡？投资款必须是对公账号来走账的。这种刻意包装的手段，专门骗没有见识的老板。

天下没有免费的午餐，天使投资更没有天上掉馅饼。要记得《史记》中的一句话："天下熙熙，皆为利来；天下攘攘，皆为利往。"

图 3-5　识别投资人的五个要点

二、看案例

投资案例都是可以查到的，任何公司获得投资，百度百科都有记录。专业投资网也有介绍，越是著名案例，投资细节越清楚。投资现场的图片都有，一查便知。

如果投资的企业不知名，可以用手机打开第三方企业信用查询网站，要交会员费，然后可以查到任何企业的法人、股东、高管。还可以查到股权变更记录，以及企业打过的官司。只要一查，投资人就能显露真身。如果投资人说自己投资了华为、可口可乐、比亚迪汽车，这都不用查，肯定是忽悠。

现在抖音上大量的网红，号称自己有几百万粉丝，可以为门店宣传，很多不一定有效果。一看他们的抖音账号就知道，哪怕有几百万粉丝的博主，探店也要预约。他们还怕翻车，怕探错了门店。

三、看价值观

如果是知名投资人，那不用查也不用看，门店是见不到他们的。除非你是深圳茂业百货这样的门店，实力雄厚，潜力很大，知名投资人才会亲自出马。

不知名的投资人，网上也查不到信息，这就需要相处一段时间。不要因为没有信息，就一下否决了投资人。每一个投资人都是从第一个成功案例开始的，案例上传，才有痕迹。和投资人吃饭，聊聊生活，交流一下对钱的看法、对美食的看法、对家庭的看法、对控制欲的看法，然后用经验去判断。判断一个人不难，从细节着手就行。老板扫一眼职场，就知道谁在真干活，谁是在偷懒。有这样的判断力，同样可以判断投资人。

看到投资人在酒桌上收放自如，关键问题说得蜻蜓点水，说明他是经历过风浪的、深藏不露的。有的投资人，天气不好都要骂几句，堵车都要发脾气，说明他没经历过什么风浪。这都是细节，行万里路，阅无数人，看人其实就用一顿饭的时间就行。

四、看合同

投资有意向，就会给出合同，有些意向会在合同中表示。专业的投资合同不止一份，有正式签署的那份《投资协议》，还有补充合同，还可能有《对赌协议》。万变不离其宗，就是不同类型的条款，写进了不同的合同里。有的是遵守企业法，有的是遵守行业规则。

老板要把合同找专业人士过目，给身边懂法律的人士看，给资深的老会计看，老板本人要把"进入条款、退出条款、约束条款"看清楚。合同是法律的依据，也是人性的光辉。从合同中，可以看到一个人的城府，也能看到一个人的格局。

一个很有诚意的投资人，不会对你的企业有太多过分的要求。一个很没诚意的投资人，会对你提出很多要求。还有投资人，直接在网上下载一份《投资协议》，改几个字就发给你。如果发现不专业，坚决不能签约。投资人也是人，不是我们的上帝。不要因为手中缺钱，有人投资，就答应他的条件。要知道投资以后就是合作关系，投资人不是真心合作，最后把门店的事业都毁了。遇不上合适的投资人，就继续过紧日子，继续寻找机会。一次看不懂，看几次就懂投资了。

五、看款项到位

合同签完以后，发现投资款不到位，没有按约定的时间转款，这就是投资人不诚信。必须在合同里规定好，资金到位，才做工商变更。资金不到位，就不要做工商变更和股权变更。这叫"不见兔子不撒鹰"。

还有一种情况，投资款已经转了，但是走对公账号，需要一定的时间。这时就不是诚信问题，而是银行的规则问题了。大额转款，是需要审核的，汇资不同于银行转账。

如果企业方特别需要钱，这时就会启用过桥贷款。就是先借钱给企业，解决燃眉之急。同时，按常规的流程对公转账。当企业收到对公转过来的钱，再把过桥的款还给投资方。这是一个应急的办法。

有时候，投资人为了尽早确定投资的身份，也会使用过桥贷款，当天放款。晚一小时，B 轮融资就变成 C 轮融资了。同样一笔钱，B 轮和 C 轮的价值完全不同。

这五个要点，是本着怀疑的态度来观察投资人，先小人后君子，先防范后合作。投资人不会雪中送炭，只会锦上添花。

第17节

公司资本运作时的章程设计

为什么要设计公司章程？公司的章程，就像国家的宪法，是一个根本法，没有它，公司很难运行。公司内部立法，也就是设计一个章程。公司要参照章程中的条款运作，不能违规。

公司的章程和规则不同，公司有一套章程，有无数套规则，每个部门都有一套运行规则。所有的规则，都要依据章程来定，不能超越章程的边界。在执行时，要秉承章程大于规则，这就如同国家一切法律要以宪法为基准，不能超越宪法的边界。

因为章程是公司运营的根本，所以在设计条款时，会花费很多时间和精力去探讨。确定章程以后，如果要修改，需要三分之二以上的股东同意。

员工入职，从实习到正式工作，再到晋升，可能三年也见不到公司章程，这是为什么？原因有两个，一是没有成为合伙人，不是公司股东，也接触不到章程。二是公司可能没有章程，只有一个工商管理的模板。因为当初注册公司时，就是找了一个代办的中介，你给他们一笔费用，他们帮你办完所有手续。公司章程或许是一个从工商网站下载的通用模板。

公司的治理有两类，一是人治，二是法治。人治就是听人的，听领导的。法治就是听公司章程的。笔者建议马上去下载标准模板看看，模板上有一些红色的文字，还有各种注释，这都是重要条款、需要协调的条款，公司在发展壮大，迟早会用上章程的。现在看了，也能做到心中有数。

人治与法治都重要，人治体现在管理能力上，法治体现为运行有度。管理不能太严格，没有人情味。法治也不能没节奏，像冷酷机器。人治与法制，两者都要学，两者都要用（见图3-6）。

人治	法治
1.从上到下管理	1.公司章程最大，不可挑战
2.向下传达任务、制度	2.按规则办事，少人为参与
3.向上汇报工作，想法	3.常务管理发红头文件
4.跨部门沟通要征得上级同意	4.重要事情开大会宣导
5.听领导的话，先做后提意见	5.在线提交个人工作日报、考勤
6.领导就是最大的权威	6.事情透明，井然有序
7.公司小，效率高	7.特别的事务比较僵化，滞后
8.公司大，效率低	8.比较民主，容易意见统一

图3-6　公司治理方式

一、人治和法治的关系

1. 公司初始运作时，一般是先人治，再法治

人治就是从上到下，层层向下管理。具体表现就是，老板在最上层，他有什么想法，向总经理或副总传达。总经理和副总再向总监传达，把具体执行方式定出来，在制定的过程中，可能还会与老板协调。最后是开会，把决定向员工传达，在传达过程中，还会制定一些激励政策。虽然大家赚着基本工资，有些事情

就是责任和义务，但是有了激励政策，人们会更加努力、更加积极地完成。

2. 公司上升期时，是人治和法治并行

有的公司是人治为主，法治为辅。有的公司是法治为主，人治为辅。

当公司到上市筹备或者已经上市阶段，还有国企、央企，都处于法治阶段，这时人治的部分很少。许多决策，只要上级领导发一个红头文件，就开始执行了。

现在我们重点来看章程的设计，我们的读者主要是中小民营企业主，还有创业的人，所以要学会章程设计，理解设计原理，掌握设计参照，最后设计出适合公司发展的章程。

二、设计章程的三个原则

1. 没有完美的章程，只有与时俱进的章程

章程永远在优化，永远没有完美的。今年设计好章程，明年看到了，会发现里面有漏洞。这不要紧，这个漏洞在设计之时是不存在的，是随着时间变化产生的。同样，今年设计的章程，三年以后看，发现里面有些条款都过时了，这也是正常的。

只要有重大决策，就去修改，并且把章程在工商注册中同步。当然，有重要决议，要由三分之二以上股东决定，这是修改章程的规则。

2. 不要频繁修改章程，一年或一年以上修改一次

我们在市场监管局查询其他公司的信息，会看到章程变化。好多变化是随着股权变更而修改的，还有就是从无到有的修改。比如，2014年的章程一栏，写着一个字：无。后来公司发展，有了章程。这个过程，就是从无到有的过程。

几乎没有任何公司的章程是一年一改的，因为章程是公司的"宪法"，是公司所有规则的参照，许多规则，并不是写在章程里的，而是写在管理规则中。在日常管理中，可以有管理变化、机制变化、文化变化，不用修改章程。

所以，章程不要频繁修改，只有战略调整、股东变化、股份变更时，做一些修改。其他非必要的时候，不要变更章程。

3. 掌握控股权，掌握修改章程的权利

公司的股权与章程息息相关，股份与章程时时挂钩。当公司大股东的股权低于 67%，他就不能独立修改章程，因为 67% 以上的股权，才有绝对控制权。只有掌握绝对控制权，才有独立修改章程的权利。

如果想保证自己的权利，在股权稀释的过程中，就要把章程修改的权利写进章程中。也就是在章程中规定好，随着股权变化，依然拥有章程的修改权。

还有一些公司，在融资以后，创始人股权直接低于 67%，这就失去了绝对控制权。但是投资人并不需要掌控公司，这时就可以和投资人讲，继续保持修改章程的权利，并且把这一条款写进章程之中。投资人也希望你拥有这一权利，避免权力分散。权力分散比一人独大更可怕。一人独大，可以快速执行，执行时有大家帮他把关，给他出谋划策，也不会出问题。权力分散，就没人执行了，这会错过许多机会，失去许多商机。

另外，还可以在章程中规定好股权的转让、股权的继续、分红的比例、分红的周期、套现的规则、股权的退出、股权的质押。只要影响到权利，影响到收益，就协商好，写进章程。权利和收益，本就是最重要的内容。

制定公司章程是一个复杂的过程，需要同时考虑到法律形式、业务性质、组织结构、管理方式，还有企业文化。比如有的

老板，他从小吃百家饭长大，他经营的公司，除了回报股东，还要回报家乡父老乡亲，那在设计章程时，也会把社会责任的因素考虑进去。

接下来讲如何设计公司章程，有一些基本步骤。

（1）确定公司的法律形式：首先需要确定公司的法律形式，例如有限责任公司、股份有限公司等。不同的法律形式对公司章程的要求有所不同，需要根据具体情况进行选择。

（2）确定公司的经营范围：公司章程需要明确公司的经营范围，包括公司的主营业务、产品或服务范围等。

（3）确定公司的组织结构：公司章程需要明确公司的组织结构，包括股东会、董事会、监事会、经理层等机构的设置，职责、权利和义务等。

（4）确定公司的管理方式：公司章程需要明确公司的管理方式，包括公司的人事、财务、物资、安全生产等方面的管理制度和管理流程等。

（5）确定公司的股权结构：公司章程需要明确公司的股权结构，包括股东的出资方式、出资比例、股权转让等。

（6）确定公司的治理结构：公司章程需要明确公司的治理结构，包括股东会、董事会、监事会等机构的组成方式、职责、权利和义务等。

（7）确定公司的财务制度：公司章程需要明确公司的财务制度，包括公司的财务报表、财务核算、资金管理等规定。

（8）确定公司的经营计划和预算：公司章程需要明确公司的经营计划和预算，包括公司的年度计划、预算方案等。

（9）确定公司的员工管理制度：公司章程需要明确公司的员工管理制度，包括员工的招聘、培训、薪酬福利等。

（10）确定公司的法律责任和风险控制：公司章程需要明确公

司的法律责任和风险控制，包括公司的法律义务、风险防范等。

这些步骤没有严格的先后顺序，但需要全部考虑到，以防范风险。同时，在制定公司章程时，还需要注意几个方面。前面讲了制定章程的三个原则，那是在学习过程中泛泛总结的规则。现在要注意的几点，是从专业的角度来考虑的。

（1）符合法律法规要求：公司章程必须符合相关法律法规的要求。

（2）考虑公司实际情况：制定公司章程时需要考虑公司的实际情况，包括公司的业务性质、组织结构、管理方式等。

（3）内容全面详细：公司章程的内容应该全面详细，包括公司各个方面的事项，不能遗漏重要事项。

（4）可操作性强：公司章程应该具有可操作性，能够指导公司的实际运营，并且要随时根据实际情况进行修改和完善。

（5）考虑未来发展：制定公司章程时需要考虑未来的发展，包括公司的扩张、兼并、重组等方面的事项。

总之，制定公司章程是一个复杂的过程，需要全面考虑公司的实际情况和未来发展需求，并严格按照相关法律法规的要求进行制定。

第 18 节

如何撰写吸引投资人的"融资计划书"

创业要融资，发展要融资，上市还要融资，企业每个阶段都要融资。每个阶段的融资性质不同，融到的金额不同，融资对接

的投资人同样不同。但是这些融资有一个共性，即都要写一份
"融资计划书"。不论哪个阶段的融资，这份"融资计划书"（以
下简称计划书）的逻辑结构都是一样的，都要包括公司概况介
绍、创始人介绍、合伙团队介绍、公司过往项目介绍、现在运行
情况介绍、对未来的规划介绍，还有具体的产品与服务的介绍、
可以动用的各种社会资源介绍。在公司的初创阶段，这些介绍都
非常简单。到了公司的成熟阶段，这些介绍就非常详细。初创阶
段的计划书，可能就是在网上下载一个范本，加以修改，甚至可
能是在楼下的打印店打印的。成熟阶段的计划书，必定是由内部
专业人员起草，然后经合伙团队集体审阅，在公司内部打印，再
检查，准确无误才定稿。初创阶段的计划书虽然简单，但是融的
资金同样比较少，可能是 50 万元、100 万元，最多就是 500 万
元。而成熟阶段的融资，起点就是 1000 万元，上限可能是 20 亿
元。这 20 亿元不是由一家公司来融资，而是由多家公司共同
融资。

写好计划书，要先研究投资人的特质和习惯，因为写好计划
书是给他们看的，不是给市场上的用户看的。投资人有什么特质
呢（见图 3-7）？

第一，走遍全球，见多识广。尤其是知名投资人，一年大约
要看一千份计划书，平均一天要看三份计划书。各种千奇百怪的
计划书，几乎都见过。

第二，偏爱纸面阅读。现在虽然提倡无纸化办公，许多计划
书也是用邮件来传送，但还是要打印出来看，就像标书一样，打
印出来，不可篡改。而且投资人的年龄偏大，也习惯看打印出
来的。

第三，快速计算，快速决策。迫切期望在 10 秒内看到核心
内容，要多少钱？回报有多少？多久可以获得回报？

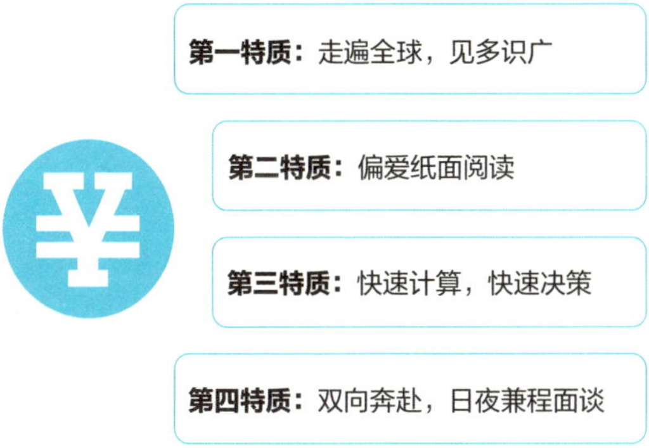

第一特质：走遍全球，见多识广

第二特质：偏爱纸面阅读

第三特质：快速计算，快速决策

第四特质：双向奔赴，日夜兼程面谈

图 3-7　投资人主要特质

　　许多公司或组织写的商业计划书，第一页就是用大段文字来介绍公司。后面开始介绍公司的"超豪华团队"和"超级产品"，翻到第十五页，也没看到到底需要多少投资。这其实很像刚进入社会求职的新手，其简历上没有明确的期望岗位，都是让对方来判断自己具体适合哪些职位。成熟的求职者则非常明确自己要什么，就看准三家公司，针对性地写简历，然后在三家公司中做出比较，最后进入其中一家。

　　投资人喜欢简单、直接、明了的投资说明。其他所有内容，都是辅助，他们也会进行实地考察，所以把办公大楼拍得很好看没什么用。一个城市有几座漂亮的大楼，投资人心里有数。

　　第四，双向奔赴，日夜兼程面谈。投资人看到让人眼前一亮的项目，看到年轻有为的创始人，就想在半天之内面谈。所以，投资人经常坐最晚班的飞机，或者第二天最早班的飞机，他们不怕辛苦，更不是为了机票便宜（最早班、最晚班，机票的优惠往往最大）。他们也不是急性子，投资人往往心静如水、动如雷霆，而且非常有时间观念。他们想早点与创始人见面，是因为要防止项目被其他投资人抢走。

其中的逻辑也和求职一样，负责招聘的人，看到合适的求职者，尤其是冷门岗位或高层岗位，他们也会眼睛发亮，期望快点面谈。负责招聘的人也明白，求职者一定是"一职多投"，自己下手慢了，求职人可能就在其他公司上班了。

这就是投资人的特质和心理习惯，要了解他们要什么，才可以写出符合他们期望的计划书。一份融资计划书，到底该如何撰写？具体步骤见图3-8。

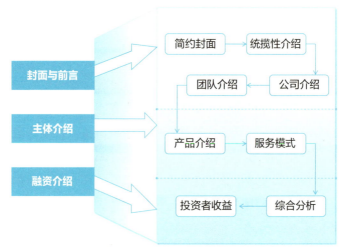

图 3-8　融资计划书撰写步骤

一、封面设计

基于以上对投资人的说明，设计封面时就不用玩什么神秘感，也无需任何概念，直接体现关键信息。所以，封面要有一条标题，这条标题已经把融资的目的讲明白了。例如："××大学毕业生团队，开创家电智能一体化项目，寻求 5000 万元 A 轮融资，详见第 8 页"；联系人 1：张某，手机号（同微信）；联系人 2：

李某，手机号（同微信）。

如果投资人有兴趣，可以跳过前面几页的介绍，直接翻到第8页。前7页是什么，投资人当然明白，就是公司介绍、创始团队介绍、市场前瞻信息等。留两个联系人是为了防止一个人联系不到，可以联系另一位。这些创始团队成员，往往是"空中飞人"，打去电话时，有五分之一的可能性在飞机上。

二、统揽性介绍

统揽性介绍必须一页纸介绍完。这一页的内容，如同一本书的"序言"，如同电影的"剧情梗概"，如同游乐园的"导览图"，也如同创始人给投资人写的一封简笔信。这一页的内容，就是统揽性地说明融资的目的、融资的金额、资金的主要用途、预计回报率等。

这一页的内容，就是对封面那一句话的解读。后面所有的内容，都是解读的辅助材料。投资人看到这一页，心里基本就有了定数。因为这些内容就是他在乎的。如果打动他，他会前往实地考察，做尽职调查，也会和创始人、创始团队相处一段时间。所以只要融资计划书把这一页内容写好，整个计划书就都过关了。

许多公司把心思放在辅助材料的设计和包装上，做得非常华丽，像毕业生求职的第一份简历一样，把在校园获得的奖状都复印一份。但面试的公司其实并不在乎这些，他们在乎的是面谈时那15分钟的交流判断。

如果一个创始人要造新能源汽车，在写融资计划书时，最先展现的内容，不是分析新能源汽车市场，也不是分析汽车的竞争对手，而是展示核心的造车团队。思考一下这是为什么？新能源汽车的市场，已经不用特意具体分析。要想进入这个行业，就要有知名团队，有与众不同的打法，才能获得相应的融资。

三、公司简介

公司简介必须介绍公司的源起，比如当初是带着什么样的使命成立的。然后一路过关斩将，打拼出一项事业。公司介绍要饱含创始人的情怀，这是吸引投资人关注的关键。

许多公司的介绍，都是一些套话，其关于理念的描述，都是模糊的。例如"上善若水""天道酬勤""诚信用心"，其实这些词是没有吸引力的，也无法诠释创始人情怀。理念要展示潜力，体现公司筚路蓝缕，稳扎稳打，闯出一片天地，未来前景一片大好。

四、团队介绍

核心团队人数最好在 3 人以上，如果只有一人，这个团队很难介绍，感觉就是"光杆司令"一个。团队成员最好不要超过 7 人，如果公司人才济济，有 30 多位骨干人才，都值得拿出来介绍一番，那也要分出第一梯队、第二梯队和第三梯队。

每个人的介绍应包括一张照片、三句话介绍、最高学历、过往最高职位、有什么丰富的知识或经验。如果有的人不方便露面，但又不得不说，可以一笔带过，毕竟投资融资还要以面谈为主。

五、产品或服务

对于产品或服务，必须描述其特点与功效，不用放太多客户反馈。客户反馈，主要是给大客户或加盟商看的。现在要给投资人看，就得把产品或服务的原理讲清楚。

如果产品涉及秘方，可以一笔带过，关键还是看市场上有没有替代品。秘方对投资人来说，并不是宝藏，申请了专利才算宝藏。因为秘方无法直接变现，专利可以直接变现。

如果产品在市场上已经很常见，在便利店都可以购买，可以建议投资人自行购买。虽然可以邮寄产品或样品给投资人，但前面说了，投资人一年要看一千个项目，融资计划书和产品，难以同步到达投资人手中。

总之，给投资人展示产品，要从市场前景角度来展示。

有人写计划书，先放公司简介，再介绍创始团队，然后介绍产品与服务。这三个内容顺序并不是固定的，就像企业网站，打开的那一页，有时是产品，有时是团队，有时是公司介绍。哪个在前，要看哪个是主要的融资理由。

六、客观分析内容

客观分析包括市场分析，竞争对手分析，产品/服务推广计划。也就是融到钱以后该怎么做。这部分需要对目标市场进行全面的分析，包括市场规模、市场需求、消费者行为以及行业发展趋势等。同时，需要详细分析竞争对手的优势和劣势，了解他们的市场占有率以及竞争策略。还有一些营销策略、渠道选择、促销方式、预算以及预期效果等详细内容。

宣传方面的事，商机大于情怀。这就是许多手工作坊难以融资的原因。因为投资人看中的是规模，是批量化生产，而不是一个家族对事业的热情。

按逻辑来讲，再往后面就是投资人回报的详细说明，包括投资者收益、投资者权益。也就是投资人正式投了钱以后有什么回报和好处。明确投资者的权益，包括投资回报率、投资周期、优先权等。

例如，融资 1000 万元，在未来 3 年内，公司的年复合增长率将达到 50%。

这个环节，主要是用数据来说明，并不是表达决心。许多企业前几次撰写融资方案，都是表达决心，说"我的项目经过三年日夜奋战，终于做出一些小样。现在需要 100 万元来批量生产，只要生产出来，就有很大的回报"。

投资人最不喜欢听这样表决心的话，而是喜欢听推理论证的话。所以，表达决心的话，说给内部员工就行。要给投资人讲好处，就是讲能让他赚到多少钱，用多长时间赚到钱。

这些佐证的内容，就是具体的行动步骤和方案，把销售成本、现金流以及盈利前景进行详细分析和预测。

这个环节不用担心自己的创意被投资人剽窃。投资人同样懂得市场和营销，他们投了钱，虽然不会插手具体的事务，但也会给出一些建议。而许多知名投资人，还会把自己的资源交给投资的企业，让企业更好地发展。

七、风险评估

有融资必有风险，风险和融资同在。这个环节同样要客观，不要担心把风险展示出来会影响投资人的判断。事实上，如果投资人能看到最后几页的风险评估，说明这个项目已经引起他们的关注和重视了。

风险评估，也只是一家之言，企业认为的风险，在投资人眼里不一定是风险。许多未知的风险，投资人比融资人更清楚。有些项目虽然在国内如日中天，但是在国外已经过时，这是投资人可以看到的。有些项目在国内虽然饱和，但是在国外刚刚启蒙，这就是机会。

所以，风险评估，主要是表达一种态度，尽可能站在自己的角度，用自己有限的眼力来撰写。构想遇到这些可能的风险，自己将如何应对。这些应对策略，才是核心。

最后做一个总结，融资计划书是给投资人看的，不是给客户看的。所以不用展示诚意，不用表达决心，不用害怕风险，不用担心创新被偷。整个计划书的内容顺序是由重要到次要，由核心到外围。一份融资计划书不需精美的装帧，就如同一个人，最终拼的还是实力和价值。

第 19 节
股票投资与债券投资

股票市场和债券市场往往分不开，这两者都是资本运作的重要部分，它们之间存在着密切的关系。这两个市场都有各自的优点和缺点，所以要结合在一起来说明。

先看两者定义，再看两者相同之处、不同之处，最后从运营的角度，全面了解这两种市场。

一、股票市场：波动中的趋势和智慧

（一）股票市场的定义

股票市场是指股票发行和交易的场所，它是投资者和企业相互作用的平台。股票市场反映了公司的价值，也反映了整个经济的运行情况。股票市场是经济发展的晴雨表，也是投资者关注的焦点。

在股票市场中，投资者可以购买公司的股票，以获得公司的收益分成。股价就是一条曲线，这条曲线像心电图一样，牵动着亿万人的心。这条波动线，既是趋势，也见智慧。把握得当，可以使财富暴增。本节不谈股票的购买，而是通过论述影响股票市场的各种因素，如公司业绩、宏观经济、政策法规等，看到行业的趋势和发展的智慧。

（二）股票市场的发展历程

现代股票市场的发展始于 17 世纪的荷兰。17 世纪，荷兰东印度联合公司成为世界上第一家公开发行股票的公司，这一举措为股权投资的发展奠定了基础。18 世纪，英国的股票市场开始兴起，并逐渐成为欧洲最大的股票市场。19 世纪，美国的股票市场开始崛起，后来成为全球最大的股票市场。

20 世纪初，股权投资开始进入黄金时期。20 世纪 20 年代，美国的股票市场经历了一次繁荣期，被称为"疯狂的 20 年代"，但随着 1929 年的股市崩盘，股权投资进入了一段低谷期。直到 20 世纪 50 年代，股权投资才重新兴起。

20 世纪 60 年代，美国的风险投资开始兴起。风险投资是一种股权投资的形式，投资者通过购买初创企业的股权，为企业提供资金和资源，帮助企业成长壮大。风险投资的兴起推动了科技创新和企业发展，成为股权投资的重要组成部分。

21 世纪，股权投资进入了一个新的时代。随着全球化和互联网的发展，股权投资的范围和方式发生了巨大变化。私募股权基金、天使投资、众筹等新型股权投资方式不断涌现，为投资者提供了更多选择和机会。

（三）股票市场的波动

股票市场的波动可以理解为市场的短期表现，通常是由多种因素共同作用的结果。这些因素可能包括政策调整、公司业绩、突发事件等。看清这些趋势，可以捕捉到短期的投资机会。看不清趋势，会面对许多未知的风险。

从波动率的角度来看，股票市场的波动率可以分为历史波动率和隐含波动率。历史波动率是基于历史数据计算出来的，可以反映市场过去的波动情况；而隐含波动率则是基于市场当前价格和预期收益之间的关系计算出来的，可以反映市场对未来的预期。

（四）股票市场的趋势

趋势，可以理解为股票市场的长期表现。在趋势形成的过程中，市场会经历一系列的转折和演变，最终形成一种相对稳定的状态。根据趋势的方向，可以分为上升趋势和下降趋势。上升趋势是指股票价格持续上涨，通常由经济基本面和公司业绩等因素推动；而下降趋势则是指股票价格持续下跌，通常由市场过度投机、恐慌情绪等因素导致。

（五）股票市场的关键点

对于投资人来说，股票市场需要注意三个关键点（见图3-9）。

1. 趋势的持续性

一般来说，如果市场趋势能够得到基本面的支持，那么它的持续性就会更强。投资者需要关注趋势的持续性，即趋势是否能够在未来一段时间内继续保持。

2. 趋势的转折点

当市场出现过度投机、泡沫等状况时，转折点就来了。此时要保持警惕，多几个角度观看趋势，及时把握转折点，化不利为有利。

3. 趋势的反转点

在股票市场，面对不同的走势，要制定不同的投资策略。在上升趋势中，投资者可以采用买入并持有策略；在下降趋势中，投资者则可以采用卖出策略，及时止损。

股权市场

> **趋势的持续性**：投资本就是投未来的趋势，有趋势，就会有回报

> **趋势的转折点**：市场有投机，就会有泡沫，有泡沫就会有转折。要保持警惕，多几个角度观看趋势，及时调整策略，及时止损

> **趋势的反转点**：面对上升积极介入，面对下降及时止损

图3-9　股票市场三个关键点

（六）股票市场的投资建议

基于股票市场的波动和趋势，有四个投资建议（见图3-10）。

一要控制风险，投资者应该重视风险控制，在投资过程中要充分考虑市场风险、信用风险、流动性风险等。在投资组合的配置上，应该遵循分散投资的原则，降低单一资产的风险。

二要保持理性，在制定投资策略时，应该根据自身的风险承受能力和投资目标，来选择合适的投资品种和时机。对于短期投资，可以选择波动较大的股票或者使用投机性策略；对于长期投资，应该关注公司的基本面和业绩表现，选择具有持续增长潜力的优质股票。

三要关注情绪，投资者要关注人们的情绪变化，当人们出现恐慌、悲观情绪，可能存在较好的投资机会；而当人们过于乐观，过于狂热，开口必提某些词语时，就要做好风险防范。

四要学会忍耐，在投资股票市场的过程中，投资者需要学会

等待和忍耐。在合适的时机出现时，要果断行动；而在不利的情况下，要保持冷静，耐心等待好的机会出现。

图 3-10　股票市场投资建议

二、债券市场

债券市场是资本的重要组成部分，也是投资者寻求收益的重要渠道。

债券市场对于经济的基本面非常敏感。如果经济增长强劲，企业盈利表现良好，那么债券市场上的投资者可能会更加乐观，导致债券价格上涨。如果经济基本面恶化，企业盈利下滑，那么债券价格可能会下跌。因此，理解经济基本面对于投资者来说至关重要。

（一）债券市场的定义

债券市场是发行和交易债券及相关产品的场所，它为投资者提供了另一种投资选择。

债券市场通过公开或私下发行债券，由政府、企业或金融机构发行，约定在一定期限内还本付息。

债券是一种债务工具，债券市场的主要目的是为借款者提供融资渠道，同时为投资者提供风险较低的投资机会。

债券起源于古罗马时期，当时政府通过发行债券来筹集资金，以支持战争和其他公共服务。例如，罗马帝国发行的国债就是一种典型的政府债券。这些债券通常由政府信用担保，并在市场上以较低的利率销售。随着时间的推移，这些债券为罗马帝国的基础设施建设和军队扩张提供了重要的资金支持。

在此之后，债券市场逐渐发展成为欧洲各国的重要金融工具。在文艺复兴时期，债券市场逐渐向现代形式演变。17世纪，欧洲各国的政府开始发行更多的国债，并建立了证券交易所，使债券交易更加便捷。这一时期的代表人物是英国经济学家威廉·配第，他研究了债券市场的运作和政府债务管理，并提出了一些具有前瞻性的观点。

进入20世纪以后，债券市场进一步发展壮大。在第一次世界大战之后，美国政府发行的战争债券成为债券市场的重要组成部分。这些债券为战争胜利做出了巨大贡献，同时也为战后经济恢复提供了资金支持。在此期间，一些知名的政治经济学家崭露头角，如约瑟夫·熊彼特和约翰·梅纳德·凯恩斯。熊彼特以其在经济学领域的洞察力和分析能力而闻名，而凯恩斯则以其对政府干预经济的理论和实践而著称。

在21世纪初，全球债券市场已经发展成为一个多元化的领域，包括公司债券、房地产投资信托、资产证券化等。这些债券的发行和交易不仅限于政府，还包括各种类型的发行人。同时，电子化交易平台和金融科技的兴起使债券交易更加高效和便捷。它为投资者提供了多样化的投资选择，同时也为发行人提供了低成本的融资渠道。

在从政府国债到现代多元化债券种类的发展历程中，我们可以看到债券市场经历了从古代到现代的演变。这一发展历程不仅反映了金融市场的进步，也体现了人类社会对更高效、更便捷的金融交易的追求。

在这个不断变化的市场中，我们需要不断学习和适应新的变化。通过了解债券市场的发展历程，我们可以更好地理解当前市场的运作和未来可能的发展方向。

（三）债券市场的投资建议

基于对股票市场的波动和趋势，有四个投资建议。

一要关注利率，利率是债券市场的核心变量。在低利率环境下，债券价格往往上涨，而在高利率环境下，债券价格可能下跌。利率如心率，利率的波动就是心跳的波动，要时刻关注，不能跳得太急，也不能跳得太慢。

二要关注动态，投资者对市场要保持敏感，要主动关注社会大环境，如全球经济形势、货币政策、地缘政治等。还要关注市场动态，合理配置资产，遵循投资策略，并加强风险意识，以实现稳健的投资收益。一旦出现不利因素，要提前做好准备。如果行动来不及准备，心理也要有所准备，关键时刻保持冷静、临危不乱，做好决策，理性对待市场波动，避免盲目跟风或情绪化操作。

三要控制风险，债券市场的风险主要包括信用风险、利率风险和流动性风险。其中，信用风险指债务人可能无法按约还款；利率风险指市场利率变动导致债券价格波动；流动性风险指投资者可能难以在短时间内买卖债券。控制风险的手段有多元化投资，通过分散投资，降低单一资产的风险。同时，适当配置不同期限和类型的债券，适时调整投资策略，以降低风险，平衡收益。

四要把握时机，根据市场形势和利率预期，适当选择买入或卖出债券。例如，预期利率下降时，可买入长期债券；预期利率上升时，可卖出长期债券。根据信用评级做出决策，选择信用评级较高、发行人偿债能力较强的债券。还要根据自身风险承受能力和投资目标，合理配置债券仓位。

股票市场和债券市场，都是资本运作的重要部分，两者之间存在着密切的关系。这两个市场都有各自的优点和缺点，将两者进行比较，可以加深了解，掌握投资诀窍。

三、两者相似之处

（一）参与者相似

股票市场和债券市场的参与者相似，都是敢于面对风险、在风险中获利的一群人。而且这些人，往往会两者全部参与。

（二）影响因素相似

二者都会受到宏观经济因素的影响，如利率、通货膨胀和经济周期。当宏观经济形势较好时，投资者和企业的信心增强，股票市场和债券市场都会受到影响。相反，当宏观经济形势较差时，投资者和企业的信心减弱，股票市场和债券市场也都会受到影响。

（三）两个市场互相影响

股票市场和债券市场还具有相互影响的作用。股票市场出现波动，会对债券市场产生一定的影响。当股票市场价格上涨时，投资者可能会将资金从债券市场转移到股票市场，从而导致债券市场的需求下降、价格下跌。相反，当股票市场价格下跌时，投资者可能会将资金从股票市场转移到债券市场，从而导致债券市场的需求上升、价格上涨。

四、两者不同之处

(一) 发行者不同

债券是发行者（政府、公司等）向购买者（投资者）借款的一种证券，承诺在特定时期支付利息和偿还本金；股票是公司为了筹集资金而发行的一种所有权证券，购买股票意味着成为该公司的股东，分享公司的收益和资产。

(二) 回报方式不同

债券的回报通常是支付固定的利息，其利率也称为票面利率，投资者购买债券可以得到利息收益，并在到期时获得本金偿还；股票的回报潜力较大，但投资者也可能承担更高的损失风险。

(三) 风险不同

债券市场的风险相对较低，因为债券的收益相对比较稳定，且安全性更高。即使发行方破产，债券的持有人也有优先权获得部分或全部的偿还。在股票市场中，尽管潜在收益较高，但风险也相对较大。

那么，什么时候该选择股票市场，什么时候该选择债券市场呢？

在投资决策中，除了考虑市场特点，还需要考虑个人的投资目标和风险承受能力。一些投资者可能更愿意追求高收益，因此更倾向于投资股票市场；而另一些投资者可能更注重稳定收益，因此更倾向于投资债券市场。但是，在投资世界中，没有完美的解决方案，只有最适合自己的方案。

在选择投资方向时，你需要清楚自己的投资目标和个人风险承受能力，并以此为基础做出决策。无论是选择股票市场还是债券市场，只要符合你的投资目标和风险承受能力，就是正确的选择。无论选择哪种投资方式，都要记住一条非常重要的原则——多元化投资。这意味着不要把所有的鸡蛋放在一个篮子里，即使是最有保障的篮子也有可能会摔碎。通过将投资分散到不同的领域和行业，可以降低风险并增强投资组合的稳定性。

4

第 4 章
资本与融资

第 20 节

成功融资要说的八句话

企业要融资，就要先明白融资的游戏规则。融资的方式有很多种，其中一种是股权融资，还有一种是债权融资。

股权融资，就是企业通过增资方式融入资金，同时使企业总股本增加的融资方式。

债权融资，是企业通过金融机构或者其他个人、其他单位进行融资。还可以发行债券、拆借资金进行融资。

不管是哪种融资，都要明白融资背后的逻辑，要懂得和投资人讲什么话。企业到了融资阶段，可能随时随地都要做好讲述你的融资方案的准备。以前有一个著名的谈判理论叫电梯理论。就是在电梯里把事情简要说清楚。假如你遇上投资人，他可能会邀请你去咖啡店，简单谈谈融资方案。你手里虽然有一大沓融资的资料，但投资人还是要口头问你。他要的就是你讲出来的效果，在讲的过程中判断你的价值。

你讲得越简要，越有价值，你讲得越冗长，越没价值。讲了半小时还没讲清楚融资的目的、融资的核心、融到钱要干什么，别人就失去信心了。如果用几句话讲得明明白白，投资人就会和你换一个话题，畅聊一小时。这一小时，不仅是聊融资，还会聊聊日常生活，这个阶段就是在判断你的为人。这个环节聊好了，融资就成功一大半了。

这一节，我们就来看看电梯理论下如何把握与投资人那三五分钟的谈话。虽然内容不多，但是短小精悍，每一句都是关键点。一共有八句话（见图4-1）。

一、一句话告诉投资人，你是谁

简短地说你的定位，这一句定位就能决定大家对你的印象。比如，你30年如一日做外贸；你从清华大学毕业，在国企工作15年，有深厚的国企人脉资源；你曾经在阿里巴巴、腾讯、华为、京东这样的公司做过高管。这些都是你的加分项，你可以把你人生最辉煌的经历讲出来。

如果你资历很浅，只是毕业后几个同学一起创业，可能很难拿到融资，但是假如你的精神面貌很好，或许可以获得他们其他的帮助。

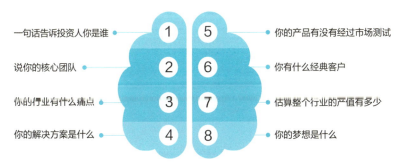

图 4-1 成功融资要说的八句话

二、说你的核心团队

团队人员不在多，在于精。至少要有三个人，除你本人是一位以外还有两位。三人各司其职，这样才能成功。如果你的团队有七位人员，那更好。不要等有钱了再去找团队。应该是先有核心班子再去融资，融资以后再找两位专业人员，搭成一个核心团队，这样就稳固了。

团队的质量也很重要，不能三位都是技术人员，也不能三位都是财务，更不能三位都是做市场的。同类的人才不需要太多，能力不需要重合。

三、你的行业有什么痛点

痛点就是商机，没有痛点就没有商机。

投资人见多识广，许多行业的痛点，他们其实了然于胸，能够听出一个创始人有没有发现真正的痛点。如果你找到行业的痛点，加上自身的资历过关，融资成功率就有三分之一了。

然而，行业真正的痛点并不容易找到。比如现在社会上正火的预制菜。预制菜真正的痛点是什么？我们眼中看到的痛点，不一定就是行业真实存在的痛点。有人说，预制菜不好吃，口味与食客不符。事实上，口味根本不是痛点。吃预制菜的人，根本不在意口味是否正宗。

四、你的解决方案是什么

强调一下，是融到钱以后的解决方案。如果自己的项目根本不需要太多钱，那就不需要投资人的帮助了，许多老板对自己的目标和理想侃侃而谈，然后话锋一转说自己并不差钱。他把不差钱也当成自己的优势，意思是很快就能做上市。其实，不差钱也就意味着融不到钱了。

五、你的产品有没有经过市场测试

这个世界上有很多所谓的服务、解决方案，说出来天花乱坠，但并不符合实际。有些服务注定是未来几年才会出现的，所以产品一定要经过市场测试，证明它的有效性。而且，在用户实际使用时，产品还可以优化和改进。

我们有一个学员，他说自己在做一个万亿元级别的产业，听起来感觉很牛。问他是什么产业，他说是大健康。一般来说，如果一个人言辞含混，说的都是什么"健康"之类的项目，肯定是见不得光的，比如直销方式、传销方式。

果然不出所料，他做的是保健品。一般人会关注产品，问他保健品的种类。但我们作为投资人，要看模式。所以我问他，你是做产业的哪一段？是生产、流通、铺货，还是什么？他说是运营，一手牵生产，一手牵营销。也就是说，他们有一个配方，交给一个工厂去生产，生产出来以后再去铺货。

最后问他能解决什么痛点，他说了一大堆，就像王母娘娘的蟠桃一样。听上去这么好的产品，其实经不起市场的测试。所以，他最终也没有拿到投资，甚至没有发掘出一个客户。

六、你有哪些经典客户

这一句是紧跟上一句的，如果经过了市场测试，就会拥有经典客户、知名客户，或者在某一个城市运营得特别好。就像王老吉，他们最开始的推广并不顺利，但是在浙江的温州和丽水那一带除外，那里的人们特别喜欢凉茶。因为有这群客户，王老吉公司的运营者也有了极大的信心。

如果你的产品也有这样的客户，把他们的具体情况展示出来，这是一个能打动投资人的点。而且也向投资人证实，你的产品是必然成功的。毕竟"你说好不一定好，你的客户说好才是好"。

七、估算整个行业的产值有多少

其实对于行业的估算，投资人比你更了解。但投资人也想听听你的认知和解释，就算你不介绍行业的产值，投资人也会问。如果这一条你答不上来，投资人照样会给你投钱的。许多技术出身的人创业，只想把产品做好，对于行业或者未来几年的行情走势，他们并不了解。

所以，投资人问到这，是听你的看法，不是用这一条来考察你。如果你不懂，投资人会帮助你。或许你认为行业有很大的盈利空间，从业者众多，应该有机会。但是在投资人眼里恰恰相反，他们认为行业已经饱和，没有盈利空间了。

八、你的梦想是什么

投资人的最后一句，往往是在问梦想。一个人在少年时说的梦想，到了青年时，自己都感觉很夸张。20 岁的梦想是成为国际知名企业家；30 岁的梦想是成为国内知名企业家；35 岁的梦想是当个大老板；40 岁的梦想是做个好家长，培养好孩子就行了。时光会把人的梦想消磨掉，也会把人的锐气消耗殆尽。投资人问你这个问题，同样不是要一个特别的答案，到了这一步，如果你说没有梦想，或者说从没想过，平日只想着让更多人用上自己的产品。投资人一样会满意。因为他们要的是你的立场，不是说非要一个远大的梦想才好。他们要从你对待梦想的态度，判断你是不是成事的人。如果你没有梦想，临场编出一个，反倒会让人失望。

另外，我们要清楚不同投资轮次的区别。A 轮投资就是投人、投团队，B 轮投资是投产品，C 轮投资是投数据，D 轮投资时企业已进入成熟期，这时投资人就是冲着利润去的。

第 21 节

融资攻略：37 招帮你打开融资之门

融资手段有很多种，本书共列举 37 种，具体归纳为六大类。其中有一些融资方式，会横跨两个领域，按一类做归属。

企业在不同的发展阶段，会适配具体的融资手段。融资手段没有最好的，只有最适合的。而且经常会打"融资组合拳"，几种融资手段组合而成，满足企业发展需求。然而，有融资就有风险，融资大则风险大。因此，融资有一个规则：融入的资金必须在可承受范围之内。

以下融资操作，仅供大家参考。

一、产权交易融资

产权交易融资是指企业以产权为交易对象，通过产权交易中心以获取收益为目标的特殊买卖活动，产权交易的目的是优化股权结构、有利于资源配置、提高资源使用效率。

产权交易融资是企业财产所有权及相关财产权益的有偿转让行为和市场经营活动，是指除上市公司股份转让以外的企业产权的有偿转让，可以是企业资产与资产的交换、股份与股份的交换，也可以是用货币购买企业的资产，或用货币购买企业的股份，还可以是几种形式的综合。

1. 不动产抵押融资

不动产抵押融资是银行常规业务，是指申请人将所拥有的合法房产作为抵押物，通过银融金贷在保障抵押物充分利用的前提下快速解决资金短缺问题的融资服务。

这是最常见的贷款方式，把名下的房产进行抵押，只需走正规程序，评估贷款即可。但是小产权房不可以做抵押，依据《中华人民共和国民法典》的规定，抵押房屋的所有权是以登记为准的，小产权房不能办理登记，所以不能抵押。可以租给有信用的客户，可以以另外的方式融到一笔资金。

小产权房也可以租给工厂，租给在银行内有信用的公司。可以租十年，还是有可能获得融资的。

2. 存货质押融资

存货质押融资是一种国际流行的动产担保融资方式，可质押的存货品种日益丰富，质押物范围逐渐拓宽，为存货质押融资提供了广阔的空间。

存货质押融资是指借款人以存货作为质物向信贷人借款，为实现对质物的转移占有，信贷人委托物流企业或资产管理公司等对质物进行保管的融资方式。融资时，需要有银行认可的第三方仓库，银行只要你的提货单，但你也可以将你的仓库租给银行认可的第三方。

3. 经营性贷款

经营性贷款分为个人经营性贷款和企业经营性贷款。

个人经营性贷款是以企业法人或股东的房产做抵押，所获资金用于企业经营的贷款。此类贷款类似于中小企业贷款，其业务经营管理的复杂程度更高。因此，各银行一般只在经济环境好、市场潜力大、管理水平高、资产质量好且个人贷款不良率较低的分支机构中挑选办理个人经营类贷款的经营机构。

企业经营性贷款是指银行向经营性物业的法人发放的，以其所拥有的物业作为贷款抵押物，还款来源包括但不限于经营性物业的经营收入的贷款。经营性物业是指完成竣工验收并投入商业运营、经营性现金流量较为充裕、综合收益较好、还款来源稳定的商业营业用房和办公用房，包括商业楼宇、星级宾馆酒店、综合商业设施（如商场、商铺）等商业用房。

4. 预期收益融资

预期收益融资是指项目公司以项目预期收益作为还款来源，向银行和其他金融机构申请贷款，以补充项目建设和运营所需资金。预期收益融资是一种常见的融资方式，适用于基础设施建设、城市发展、房地产等领域。

在预期收益融资中，项目公司的还款能力取决于项目的预期收益。如果项目未能产生足够的收益，则项目公司可能无法按时还款，导致违约风险。因此，在选择预期收益融资时，需要对项目的市场前景、经营管理、政策风险等进行全面评估。

5. 应收账款融资

应收账款融资是指企业将自身应收账款转让或质押给银行、金融机构，申请短期的融资额度。

应收账款融资是一种常见的融资方式，适用于中小企业。应收账款融资可以帮助中小企业解决销售收入的高效转化，增加企业资金的流动性。应收账款融资业务涉及三方，分别是融资方（上游企业）、债务企业（核心企业）和金融机构/银行。

6. 应付账款融资

应付账款融资是商业信用融资的一种，是生产、批发性企业常使用的融资方式。

应付账款是指企业购买货物未付款所形成的对供货方的欠账，即卖方允许买方在购货后的一定时间内支付货款的一种商品交易形式。应付账款融资最大的特点在于易于取得，无须办理筹资手续和支付筹资费用，而且它在一些情况下是不承担资金成本的。缺点在于期限较短，放弃现金折扣的机会成本很高。

应收账款融资和应付账款融资，主要有两个区别。

一是属性不同。应收账款融资是指企业将自身应收账款转让或质押给银行、金融机构，申请短期的融资额度；应付账款融资是企业将可以回收的债权质押给银行，企业向银行借入资金的行为。

二是性质不同。应收账款融资属于企业以债权质押形式进行的融资；应付账款融资属于企业以信用形式进行的融资。

7. 应收账款预期融资

应收账款预期融资是指企业将应收账款作为质押物，向金融机构申请贷款的一种融资方式。

这种融资方式要求应收的账款是可以预见的，而且是有明显增长趋势的。这是一种利用未来的投资方式。它可以帮助企业将未到期的应收账款变成现金，从而解决企业的资金问题。这种融资方式的优势在于，它不需要企业提供实物资产作为抵押物，只需要将未到期的应收账款作为质押物即可。同时，这种融资方式的利率通常比传统的贷款方式要低，而且审批时间也更短，能够更好地满足企业的资金需求。

8. 资产流动性融资

资产流动性融资是指企业以资产为抵押或质押，以短期或长期债务形式获得资金的一种融资方式。

资产流动性融资主要包括三种类型。

配合型融资策略，指筹资方式的期限选择与资产投资的到期日相匹配。

稳健型融资策略，指企业所有的固定资产和永久性的流动资产以及一部分临时性的流动资产用长期负债和权益性资本筹资，只有一部分临时性的流动资产由短期负债筹集。

激进型融资策略，指企业全部临时性流动资产和一部分永久性流动资产由短期负债筹集，而另一部分永久性流动资产和全部固定资产则由长期资金筹措。

二、专项融资

专项融资是指为某一个特定项目进行的融资。比如，为装修项目进行贷款融资。

专项融资的特点是：融资期限较长，一般与项目生命周期等长；融资仅用于该项目的建设及经营。

专项融资一般适用于项目巨大的情况，具体有以下几种融资方式。

1. 装修贷款

装修贷款也称作家装贷款，指银行或者消费金融公司推出的，以家庭住房装修为目的的个人信用贷款，即无抵押信用贷款。银行发放的个人住房装修贷款单笔贷款额度原则上不超过 15 万元，同时不超过装修工程总费用的 50%。

家装贷款有两种贷款方式：第一种，用个人信用贷款；第二种，申请个人消费贷款之装修贷款。

2. 资产典当融资

资产典当融资是指中小企业或个人将自身拥有的资产，以典当的方式抵押给典当行，从而获得资金。比如金银首饰典当、机动车辆典当融资，速度较快，只要物品有价值，就可以典当。典当以后，可以分批赎回。

典当融资与银行贷款相比，具有成本高、规模小、灵活便捷的特点。典当行对客户没有信用要求，只注重典当物品是否货真价实，动产与不动产均可作为质押。而且典当物品起点低，千元物品都可以典当，但是典当物和实际出价并不对等，你认为的价值，并不是典当行愿意出的价格，甚至连心理价位的20%也到不了。所以典当方式一般是个人的无奈之举、应急之举。

3. 项目包装融资

项目包装融资是指根据市场运行规律，经过周密的构思和策划，对融资的项目进行包装和运作的一种融资模式。

项目包装融资要求项目包装的创意性、独特性、包装性、科学性和可行性。它包含多个方面，如精心制作商业计划书、宣传推广、精心设计融资材料、与投资者建立良好关系、跟进融资进展等。

4. 专利技术融资

专利技术融资是指以专利技术成果作为投资资本，与其他形式的财产相结合，按照法定程序组建企业的一种经营行为。发明专利的使用人越多，价值就越高。

专利技术融资包括专利质押、专利证券化、专利信托等。通过专利技术融资，专利权人可以将专利技术产品化，实现技术向现实生产力的转化，从而促进国家科技创新成果的应用和科技资源的优化配置。

专利技术融资，需要考虑专利的使用有效期，也要考虑未来市场的规模和价值。

5. BOT 项目融资

BOT 项目融资指的是建设—经营—转让的项目融资方式。比如 A 公司建设，A 公司经营，最后移交给 B 公司。这种项目一般是大型工程的特许权，比如高速公路，桥梁等。先建设好，再给你经营权，到一定时间后，收回经营权。

BOT 项目融资，主要针对政府或其所属机构，为项目的建设和经营提供一种特许权协议作为项目融资的基础，由本国公司或者外国公司作为项目的投资者和经营者安排融资、承担风险、开发建设项目并在特许权协议期间经营项目获取商业利润。特许期满后，根据协议将该项目转让给相应的政府机构。

6. 衍生工具融资

衍生工具融资是指企业利用金融衍生工具进行融资。金融衍生工具是指建立在基础产品或基础变量之上，以杠杆和信用交易为特征的金融工具，包括独立衍生工具和嵌入式衍生工具。独立衍生工具是指根据买卖双方的交易意愿随市场变化而不断变化，价格取决于市场供求状况的金融衍生工具，如期货、期权、远期合约等。嵌入式衍生工具是指定约方在基础工具或资产上嵌入一个或多个衍生特征的金融衍生工具，如可赎回债券、可转换债券等。

衍生工具融资适用于大型企业，有很高的风险。

三、信用融资

信用融资是指金融机构（如银行）或投资者根据借款者的信用状况满足借款者资金需求的一种融资方式。

1. 个人信用融资

个人信用融资是指个人凭借自身信用，从银行或其他金融机构获取一定数额的资金（不一定只在信用卡中体现，在人与人之间也行，有额度限制）。

个人信用融资，不需要任何抵押或者质押物，凭个人信用就能获得一定数额的资金，以解燃眉之急。每个人从第一笔信贷开始，其实就是在累积自己的信用额度。因此，要像爱护自己的羽毛一样爱护信用。

2. 企业信用融资

企业信用融资是指企业凭借自身信用，从银行或其他金融机构获取一定数额的资金。

企业信用融资有很多种方式，比如以下几种。

银行承兑汇票：企业向开户银行申请开具银行承兑汇票，获得银行认可后，银行为企业签发银行承兑汇票，企业再将银行承兑汇票交付给收款方。

信用证：企业向开户银行申请开立信用证，银行根据企业资信情况为企业签发信用证。

保函：银行应企业的要求，向交易方出具书面承诺，同意在符合约定条件的情况下由银行代企业支付资金。实现企业现金流最大化。

3. 商业信用融资

商业信用融资是指企业之间在买卖商品时，以商品形式提供的借贷活动，是经济活动中的一种最普遍的债权债务关系。

商业信用融资，包括有形和无形的。有形的商业融资，比如发会员卡先收回成本，将会员客户的消费预期作为分析凭证，然后进行融资。

无形的商业信用融资，不需要抵押物或担保，而是基于企业与合作伙伴之间的信任和业务关系，这种关系是企业在日常经营活动中自然获得的。企业有良好的信用记录，与合作伙伴有长期稳定的合作关系，就可以用来融资。

4. 民间借贷融资

民间借贷融资是指自然人、法人或其他组织之间，在不违反法律、法规的强制性规定的情况下，以订立各种合同、协议以及做出保证的方式进行的资金融通行为。

这种贷款手续便捷，灵活方便，充分利用非正规的手段来融资，但是风险难以控制。

四、债务融资

债务融资是指企业通过向个人或机构投资者出售债券、票据筹集营运资金或资本开支。个人或机构投资者借出资金，成为公司的债权人，并获得该公司还本付息的承诺。

1. 企业债券融资

企业债券融资是指公司依照法定程序向债权人发行约定在一定期限内还本付息的有价证券，从而获取资金的一种融资方式。这相当于，你欠别人的钱，也算为债券，然后用债券进行融资。债券融资的债权人，不能干涉经营。融资产生的利息可以在税前支付。

债权融资与债券融资的不同：风险不同，债权融资的风险小于债券融资的风险。融资成本不同，债权融资成本低于股权融资成本。对控制权的影响不同。受信息不对称的影响不同，融资中的信息不对称表现在资金的供应者和需求者之间。一般认为资金需求者拥有更多关于所投资项目的信息。

2. 留存盈余融资

留存盈余融资是指企业将历年累积的未分配利润留在企业，用于扩大再生产或对外投资。

留存盈余融资的主要特点是融资成本低、风险小、方便自主。留存盈余是提高企业外部融资能力的先决条件，是一个内部融资占主导地位的资本预算，对金融机构和其他投资者具有很大吸引力。

留存盈余融资虽然可以稳定团队，但是对于公司长远发展并没有好处。如团队的奖金留存后，表面上留下了钱和人，但失去了人心。

3. 补偿贸易融资

补偿贸易融资是指国外向国内公司提供机器设备、技术、培训人员等相关服务等作为投资，待该项目生产经营后，国内公司以该项目的产品或以商定的方法予以偿还的一种融资模式。

补偿贸易融资，要求供方和需求方是同一个系统的，而且要求需者大于供者，才可以实现补偿贸易融资。

4. 资产信托融资

资产信托融资是指委托人基于对受托人的信任，将其财产权委托给受托人，由受托人按委托人的意愿以自己的名义，为受益人的利益或者特定目的进行管理或者处分的行为。

资产信托融资与其他融资方式比较，具有以下特点：一是融资速度快；二是融资可控性强；三是融资有规模要求。

5. 租赁融资

租赁融资是指租赁方提供资产给企业使用，企业支付租金。租赁融资的原理是：租赁方将所需的资产，比如大型设备、机器等，租给企业使用。企业通过与租赁方签订租赁合同，按约定向租赁方支付租金作为融资费用。在租赁期限结束后，企业根据合同约定，可以选择购买资产、继续租赁或归还资产。

租赁融资有利于提高产能、促进行业竞争，可以逐年分摊成本，减少压力。这也是一种常用的融资手段。

6. 保险融资

保险融资是保险公司通过一定方式向外融通资金的活动。保险经营是商品经济条件下的重要环节，它具有的明显特点是，融资活动出于保险公司主动调节风险和资金二者关系的本质要求，受风险机制的直接制约。

保险融资包括两大部分：一种是金融性融资，是纯粹的资金融通，保险公司可借助金融工具参与金融市场的资金融通活动。另一种是风险性融资，是为调节风险而进行的资金融通，主要借助保险公司相互之间的分保实现。

保险融资是金融性融资和风险性融资的有机统一体，其应具备的条件有：一定量的具有长期性和稳定性的资金积累；保险机制构造合理，保险经营多元化，各专业公司能自担风险，拥有独立的资金使用权；良好的竞争环境等。

五、股权融资

股权融资是指企业的股东愿意让出部分企业所有权，通过企业增资的方式引进新的股东，同时使总股本增加的融资方式。

股权融资所获得的资金，企业无须还本付息，但新股东将与老股东同样分享企业的盈利与增长。

股权融资的优缺点比较明显，优点有以下几点。

（1）资金使用期限长：股权融资没有定期偿付的财务压力，财务风险比较小。

（2）能够增强企业的资信和实力。

（3）资金规模相对较大：股权融资可以吸引更多的投资者参与，从而获得更多的资金，帮助企业扩大规模、提升竞争力。

（4）风险分担：股权融资将企业的风险分摊给股东，降低了企业的经营风险，有利于企业的稳定发展。

（5）无偿资金：股权融资所获得的资金是无偿的，企业不用承担利息等负担，降低了融资成本。

股权融资的缺点如下。

（1）企业将面临控制权分散和失去控制权的风险，而且资本成本较高。

（2）股东的权利和利益冲突：股权融资意味着企业需要向股东让出一部分所有权和控制权，股东对企业的决策和经营产生影响，有时可能与企业的利益发生冲突。

（3）财务风险：股权融资可能会对企业的财务状况产生负面影响。

（4）监管和披露要求：股权融资需要遵守相关的监管和披露规定，增加了企业的管理成本。

1. 增资扩股融资

增资扩股融资是指企业通过向社会募集股份、发行股票、新股东投资入股或原股东增加投资等方式扩大股本来获得所需资金。

增资扩股属于权益性融资，它具有股权融资的主要特征，例如没有固定支付股利的负担、增加公司的信誉、没有还本付息的风险等。

增资扩股时股本增加，股权比例发生变化。当规模扩大时，原股东投资额不变。

增资扩股融资风险小，对实际经营限制较小，相对较容易，资金可长期使用。但是传统理论认为这种方式成本高，会分散原有股东的控制权，导致决策速度下降，近期每股利润下降。

2. 股权转让融资

股权转让融资是指企业转让部分股权，以筹集企业所需要的资金。股权转让是企业股东行使股权的一种方式，我国《公司法》规定，股东有权通过法定方式转让其全部出资或者部分出资。

股权转让融资具有以下特点。

（1）股权转让融资是企业的一种正常经营行为，是企业股东行使股权的一种方式。

（2）股权转让融资可以改善企业的财务状况，提高企业的资本回报率。

（3）股权转让融资可以引入新的战略投资者，改善企业的治理结构和管理水平。

增资扩股和股权转让的区别如下。

（1）资金受让方不同：增资扩股的受让方是公司；股权转让的受让方是原股东。

（2）增加注册资本不同：增资扩股是增加注册资本；股权转让不会增加注册资本。

（3）股东权利不同：增资扩股后新股东和原股东的权利和义务需要另外约定；股权转让后新股东与原股东一致，不但继承原股东在公司的权利，也承担原股东相应的义务。

3. 股权转换融资

股权转换融资是指企业将其股权转换为其他企业的股权，以实现企业融资的一种方式。股权转换融资有多种形式，如股权与股权交换、股权与债权转股权等。

股权转换融资具有以下特点。

（1）股权转换融资可以改善企业的财务状况，提高企业的资本回报率。

（2）股权转换融资可以引入新的战略投资者，改善企业的治理结构和管理水平。

（3）股权转换融资可以调整企业的股权结构，优化企业的治理机制和管理模式。

4. 股权质押融资

股权质押融资是指公司股东将其持有的公司股权出质给银行或其他金融机构，以获取贷款的融资方式。

股权质押融资的法理基础可追溯至 1995 年《中华人民共和国担保法》中对"权利质押"的规定，是对广义担保贷款概念的延伸。相比一般的公司股权，上市公司股票具有流动性强、易变现、透明度高的特点，更易被资金融出方所接受，因此成为上市公司股东的重要再融资方式之一。

股权质押和股票质押有所不同，股权是指对有限责任公司享有的权利，而股份是指对股份有限公司认购的份额。根据《中华人民共和国担保法》第七十八条，以依法可以转让的股票出质的，出质人与质权人应当订立书面合同，并向证券登记机构办理出质登记。质押合同自登记之日起生效。股票出质后，不得转让，但经出质人与质权人协商同意的可以转让。出质人转让股票所得的价款应当向质权人提前清偿所担保的债权或者向与质权人约定的第三人提存。目前《中华人民共和国担保法》已废止，由《中华人民共和国民法典》相关条款代替。

5. 私募股权融资

私募股权融资是指企业通过以非公开方式发行和交易股权来募集资金的行为。私募股权融资分为私募股权直接融资和私募股权间接融资。私募股权直接融资是指以现金出资、以股权作价出资、以优先股认购股利、以可转债等方式筹集股权资本；私募股权间接融资是指因企业发行股票及上市而筹集股权资本，包括股票发行、股票上市、股票增发、配股、发行可转债等。

私募股权融资的渠道具有多样性，对企业财务状况有较高要求，可以改善企业的治理结构和管理水平。

6. 私募债权融资

私募债权融资是指私募基金通过债权的方式进行投资，即私募基金作为债权人对被投资企业发放贷款或以其他方式提供融资，并按照约定在未来收回本金并获取利息的投资行为。

私募债权融资的具体操作是，私募基金先向目标企业提供一笔贷款，并且约定私募（股权投资）基金有权选择将该等贷款形式的债权转换为目标企业的股权或者要求目标企业到期归还借款本息。

需要注意的是，私募基金本身并非"经营贷款业务的金融机构"，并不具备发放贷款的资质，必须委托商业银行代为发放。

六、上市融资

上市融资即企业通过上市的形式来筹集资金发展自身。在上市过程中，上市企业的所有资产将按照相关市值等额划分，经过相关部门的批准，以股票的形式在证券市场上流通和公开发行。这样一来，投资者就可以直接通过股市购买该企业的股票，并通过股票的增值来获取利润，而发行股票的公司能够在短时间内筹集到巨额的资金用于发展。

上市融资是一种间接融资，它的本质是企业家为了获得急需的发展资金，将企业的部分股权以出售的方式发行出去。从长远的角度出发，上市融资不是企业的最终目的，而是缓解资金压力的一种手段，是在企业发展到一定阶段时普遍做出的行为。

上市融资，也包括准备上市的融资。包括以下几种融资方式。

1. 上市融资

国内有三种上市方式：在中国境内上市，即到上海证券交易所或深圳证券交易所发行 A 股或 B 股；中国公司直接到境外证券交易所（如纽约证券交易所、纳斯达克证券交易所、伦敦证券交易所）上市；中国公司通过在海外设立离岸公司，并以关联公司的名义在境外证券交易所上市，即红筹股。

我国共有五个上市板块，包括深交所主板、上交所主板、创业板、科创板和北交所。其中，主板市场和创业板市场是按风险划分的两个板块，主板市场主要是一些成熟的大企业，而创业板市场主要是一些创新型企业。科创板和北交所是独立于现有主板市场之外的新设板块，并在该板块内进行注册制试点。

通过这些上市板块，获得融资，这是最常见的融资手段。

2. 买壳上市融资

买壳上市又称"后门上市"或"逆向收购"，是指一些非上市公司通过收购一些业绩较差、筹资能力弱化的上市公司，剥离被购公司资产，注入自己的资产，从而实现间接上市的目的。一般而言，买壳上市是民营企业的较佳选择。

买壳上市的知名案例有浪莎集团。浪莎集团管理层一直想进入资本市场，壮大发展，而 * ST 长控也想寻找重组合作者，双方一拍即合。

相关案例还有空港股份买壳上市。2021 年 12 月 15 日，空港股份发布公告称，公司拟通过发行股份的方式购买南昌建恩、北京广盟等股东持有的瑞能半导的控股权或全部股权。

3. 借壳上市融资

借壳上市是指一家母公司（集团公司）通过把资产注入一家市值较低的已上市公司，得到该公司一定程度的控股权，利用其上市公司地位，使母公司的资产得以上市。通常该壳公司会被改名。

借壳上市的知名案例有，同济堂借壳啤酒花登陆 A 股。啤酒花将其持有的乌苏啤酒股份，以现金对价出售给嘉士伯，以非公开发行股份和支付现金的方式合计购买同济堂医药 100% 股权，支付的现金来源于募集配套资金。

中原出版传媒集团借壳＊ST 鑫安登陆 A 股。中原出版传媒集团通过公开竞拍，以每股 0.45 元，合计总成交价 0.17 亿元获得原第一大股东河南花园集团持有的上市公司 0.37 亿股权。

买壳上市和借壳上市的共同之处在于，它们都是一种对上市公司"壳"资源进行重新配置的活动，都是为了实现间接上市。

买壳上市和借壳上市的区别如下。

（1）定义不同。买壳上市是非上市公司作为收购方，通过协议方式或二级市场收购方式，获得壳公司的控股权，然后对壳公司的人员、资产、债务实行重组，向壳公司注入自己的优质资产与业务，实现自身资产与业务的间接上市；借壳上市是指母公司（集团）通过将主要资产注入上市的子公司中，来实现母公司的上市。

（2）本质不同。买壳上市的企业首先需要获得对一家上市公司的控制权；借壳上市的企业已经拥有了对上市公司的控制权。

4. 杠杆收购融资

杠杆收购融资是一种企业金融手段，指公司或个体将收购目标的资产作为债务抵押以收购此公司的策略。杠杆收购的主体一般是专业的金融投资公司，投资公司收购目标企业的目的是以合适的价钱买下公司，通过经营使公司增值，并通过财务杠杆增加投资收益。

杠杆收购融资以企业兼并为活动背景，是一种财务管理活动。在国外往往是由被收购企业发行大量的垃圾债券，成立一个股权高度集中、财务结构高杠杆性的新公司。在中国由于垃圾债券尚未兴起，收购者大都是用被收购公司的股权作质押向银行借贷来完成收购。

杠杆收购融资是以小博大的工具，比如 A 公司值 20 亿元，B 公司值 1 亿元。如果 B 想收购 A，先付保证金 1 亿元，再把 A 公司抵押给银行，找 A 公司要抵押合同，银行就会放款。如果 A、B 属于同一系统的公司，就可以从银行融到 20 亿元。

5. 产权交易融资

产权交易融资是指企业以产权为交易对象，通过产权交易中心以获取收益为目标的特殊买卖活动。产权交易的目的是优化股权结构、优化资源配置、提高资源使用效率。

当公司有资产需要出售时，可以在产权交易所挂牌出售。从系统角度来看，如果有股权从产权交易所出售，就意味着经过了市场认可，从而获得融资。

6. 有价证券抵押融资

有价证券抵押融资是借款人以持有的有价证券为抵押，向贷款人申请融资的行为。有价证券抵押融资一般按抵押证券面额的一定比例向借款人发放贷款，如美国短期国库券抵押融资率为80%，中长期国债为 50%，企业债券抵押融资率为 40%。

有价证券按其所表明的财产权利的不同性质，可分为三类。

（1）商品证券：证明持券人有商品所有权或使用权的凭证，取得这种证券就等于取得这种商品的所有权，持券者对这种证券所代表的商品所有权受法律保护。

（2）货币证券：指本身能使持券人或第三者取得货币索取权的有价证券，货币证券主要包括两大类——商业证券和银行证券。

（3）资本证券：指由金融投资或与金融投资有直接联系的活动而产生的证券。

7. 引进风险投资

引进风险投资是指企业通过向风险投资公司或个人引进资金，获得公司股份或其他形式的投资，以加速企业的发展。风险投资是一种高风险、高潜在收益的投资方式，通常用于支持初创期或成长期的企业。

企业引进风险投资的原因可能有以下几点。

（1）融资需求：企业需要筹集资金来支持其业务发展、扩大规模或进行其他投资。

（2）市场扩张：企业希望通过风险投资公司的资源和网络来扩大市场份额，进入新的市场领域或扩展产品线。

（3）战略合作：企业希望与风险投资公司建立战略合作关系，以获得更多的资源和支持，推动企业的发展。

（4）加速上市：企业希望通过引进风险投资来加速其上市进程，提高公司的知名度和品牌价值。

最后对融资进行总结，个人和企业都会产生融资，融资要么是应急，要么是发展。融资可以找身边的好友，也可以向银行融资，还可以向投资机构融资。融资的过程有直接融资和间接融资，直接融资就是点对点拿到资金，间接融资是通过中间环节拿到资金。

融资之前要有融资说明书，融资过程中要有融资评估，融资之后要有风险管控。企业的发展过程，也可以说是融资的过程，企业从成立之时，就在通过不同的方法和策略进行融资。如果遇上人才，给他一定比例的股份，把人融入团队。其实人才也是资产，上下游合作伙伴、战略合作伙伴、交叉持股的公司，本质上都是互融，合作都是建立在融资的基础上的。

第 22 节

股权融资：如何获得最佳投资方案

在当今的商业环境中，股权融资已经成为许多公司获取资金的重要手段。这种融资方式在现代商业中非常常见，它可以帮助企业实现快速扩张和增长，提高企业的资本实力和竞争力。

那么，什么是股权融资？股权融资是指企业通过向投资者发行股份或股票，以获取资金的一种融资方式。

目前的资产管理现状并不乐观。很多企业在融资后缺乏明确的资产管理策略，导致资产配置不合理，风险控制能力不足。此外，企业间的竞争加剧，也使资产管理更具挑战性。要解决这些问题，企业需要制定有效的资产管理策略。

首先，明确投资目标。企业应该根据自身的战略目标和实际情况制定合理的投资目标，避免盲目追求短期利益。其次，选择适合的资产类别和投资方式至关重要，这将直接影响企业的收益和风险水平。最后，确定合理的资产分配比例。企业应根据不同资产类别的风险和收益特性进行合理配置，以实现资产价值的最大化。

一、股权融资的三个方面

股权融资主要涉及三个方面：融资方、投资方和中介机构（见图 4-2）。

融资方是指需要资金的企业或个人，他们通过发行股份或股票来吸引投资者，获取所需资金。融资方通常需要向投资者提供企业的经营情况和财务报告等资料，以增加投资者的信任度和投资意愿。

投资方指愿意出资购买企业股份或股票的投资者，他们通过投资股权来获取未来的收益和回报。投资方通常会进行尽职调查，仔细了解企业的经营情况和财务状况，以确保自己的投资安全和合法合规。

中介机构指为融资方和投资方提供服务和支持的机构，如投资银行、证券公司、律师事务所等。他们协助融资方策划和实施股权融资方案，为投资方提供专业的投资建议和风险评估，以确保融资过程的顺利进行。

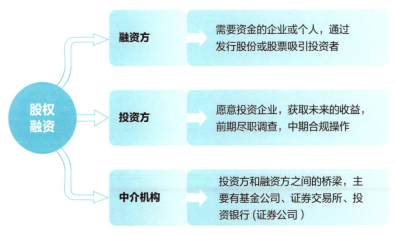

图 4-2　股权融资的三个方面

二、股权融资的三种方式

常用的股权融资方式有三种：股权质押融资、股权交易增值融资和股权增资扩股融资（见图 4-3）。

股权资本

股权质押融资　　股权交易增值融资　　股权增资扩股融资

图 4-3　股权融资的三种方式

1. 股权质押融资

股权质押是指出质人以其所拥有的股权这一无形资产作为质押标的物，为自己或他人的债务提供担保的行为。这种融资方式在许多国家和地区都得到了广泛应用，为企业提供了更加灵活和便捷的融资选择。

股权质押融资的优点是灵活性强，比传统融资方式更加灵活。而且融资成本低，相较于银行贷款，它的利率更低。通过股权质押融资，企业可以获得一定的资金支持，缓解短期资金压力，满足企业生产经营和发展的需求。股权质押可以增加企业的竞争力，帮助企业迅速获得资金支持，扩大经营规模。股权质押还可以提高股价，提高知名度。

股权质押融资也有一些缺点，比如股权会被稀释，企业一旦无法按时还款，金融机构或其他投资者有权将质押的股权转让出去，这将导致企业控制权和利益被稀释。可能会使企业失去控制权，甚至面临被收购或者破产的风险。如果企业频繁使用股权质押融资方式进行融资，可能会被市场视为风险较高的企业，从而影响其声誉和市场形象。

股权质押融资适用于一些特定行业和领域，如高科技、新能源等新兴行业。这些行业的企业通常具有高成长性和高收益性。

股权质押融资适用于成熟企业，因为成熟企业通常具有稳定的现金流和相对强大的抗风险能力。

企业在运作股权质押融资时，要充分了解市场风险，做好风险控制工作。企业应该考虑自身的发展需求和财务状况，还要谨慎选择合作金融机构，看清他们的风险偏好和审批标准。同时还要加强内部控制和管理，规范股权质押融资相关流程和制度，避免出现管理漏洞或不必要的损失。

2. 股权交易增值融资

股权交易增值融资是指公司通过向投资者发行股份或股票，获得企业生产经营所需的资金。这种融资方式通常包括私募股权融资和公开上市融资两种类型。私募股权融资是指企业通过向特定的投资者发行股份或股票，获得资金支持；公开上市融资则是通过在证券市场上公开募股，使企业获得大量资金。

股权交易增值融资是一种非常灵活的融资方式。一是可以优化资本结构，降低资产负债率，从而降低财务风险，提高企业的偿债能力和资信等级。二是可以提高管理水平，为企业提供宝贵的战略指导，帮助企业优化决策，实现可持续发展。三是可以借助风投的资源，加速公司的业务拓展和市场布局。

在运作股权交易增值融资时，要从法律角度维护，公司要遵守《公司法》《证券法》等相关法律法规，并履行相应的信息披露义务，以确保投资者的利益得到保障。还要从商业角度体现，要有利于企业业务的扩展和市场占有率的提升，为企业提供更多的商业资源和合作机会，从而提升企业的综合竞争力。

3. 股权增资扩股融资

股权增资扩股融资是权益性融资的一种形式，是股份公司和有限责任公司上市前常用的融资方式。通过这种方式，企业可以引入外部资本，增加公司注册资本，以支持业务发展、产品研发、市场开拓等活动。

股权增资扩股融资的优点明显，可以扩大资金规模，优化财务结构，降低资产负债率，提高抗风险能力，增强品牌效应，从而更好地推广产品和服务。相较于债务融资，股权融资不会增加企业的财务风险，因为股权融资不会导致企业负债增加。还可以提高企业信用等级，有助于企业在银行和其他金融机构贷款时获得更好的条件。

股权增资扩股融资也有几个明显缺点，如果外部投资者拥有较多的股权，可能会对公司的战略决策产生影响，降低管理效率，有可能导致企业控制权分散。融资成本高，在融资过程中，会产生律师、会计师和其他中介机构费用，这会导致成本增加，如果企业本身规模不大，融资会加重经营负担。如果企业选择公开募集方式，需要披露大量信息，存在一定的信息泄露风险。

股权增资扩股融资实践，有两种方式，一是公募股权；二是私募股权。

公募股权是指企业在证券市场公开发行股票，以募集资金的行为。这种方式可以筹集到大量的资金，提高公司的知名度。但是，公开募集流程复杂，成本较高，证监会的要求非常严格。

私募股权，是相对于股票公开发行而言，以股权转让、增资扩股等方式通过定向引入累计不超过 200 人的特定投资者，使公司增加新的股东、获得新的资金的行为。相对于公募，流程较为简单，成本较低，能够避免信息披露的风险。但这种方式可能因为投资者数量有限而无法筹集到足够的资金。

三、股权融资的三个阶段

股权融资操作时，主要有三个阶段：融资前准备，融资中签约，融资后资产管理。

1. 融资前准备

（1）完善企业构架：企业首先需要完善公司治理结构，包括股东会、董事会、监事会和管理层的设置和职责划分等。

（2）制订融资计划：公司需要制订一份详细的融资计划，包括融资金额、融资方式、融资期限等，以及公司的经营状况、财务状况、未来发展计划等信息，以便投资者进行评估。

（3）选择股权融资方式：选择合适的股权融资方式，如IPO、增发、预留股份和股权转让等。

（4）选择中介机构：融资方与中介机构合作，共同策划和实施股权融资方案。中介机构会对融资方的经营情况和财务状况进行尽职调查，为融资方提供专业的意见和建议，以确保融资方案的安全性和可行性（具体的尽职调查，见本书第15节）。

（5）寻找投资者：公司可以通过各种途径寻找潜在的投资者，如通过银行、证券公司、风投机构等。

（6）制作和发布募股书：中介机构协助融资方制作募股书，向投资者介绍企业的经营情况和财务状况，以及融资规模和用途等信息。募股书经律师、会计师等中介机构审核通过后，向投资者发布。

2. 融资中签约

（1）投资者审查和评估：投资方对募股书进行审查和评估，了解企业的实际情况和投资风险。中介机构为投资方提供专业的风险评估和建议，帮助其做出明智的投资决策。同时对企业的财务、法律、业务等方面进行尽职调查，以确定投资方案的可行性。

（2）协商交易条件：公司和投资者需要就交易条件进行协

商，如股份出售的数量、价格、股权比例等。

（3）确定发行价格和发行规模：在投资者评估的基础上，融资方和中介机构共同确定发行价格和发行规模。发行价格通常以企业的每股净资产、市场情况和其他相关因素为依据，确保发行价格公允、合理。

（4）确定融资方案：根据企业的实际需求，确定融资的规模、价格、时间等方案。

（5）签订协议：根据尽职调查的结果，与投资者达成协议，并签署相关融资协议，对交易细节进行明确规定。

3. 融资后资产管理

（1）股权变更登记：完成协议签署后，进行股权变更登记，并办理相关手续。

（2）资金到位：投资者将资金交付给公司，公司则将相应的股份转让给投资者。

（3）管理股权结构：制定股权结构管理制度，包括投资者股东权益保护、股权交易规定和投资回报分配等方面的制度，确保股权结构的稳定以及权益的合理保护。

（4）完善投资者关系管理：建立健全的投资者关系管理制度，包括信息披露、投资者沟通和投资者权益保护等方面的制度。

（5）风险控制：风险控制是融资后资产管理的另一个重要环节。企业应建立完善的风险评估体系，及时识别和评估潜在风险。融资后的财务风险评估可以采用以下几种方法。

①采用财务指标分析法：通过计算企业的负债率、权益比率、偿债能力等财务指标，评估企业的财务风险。

②采用现金流量分析法：通过计算企业的现金流入和流出，评估企业的资金流动性风险。

③采用杜邦分析法：通过分析企业的盈利能力、运营能力和偿债能力等，综合评估企业的财务风险。

④采用风险矩阵法：通过识别和分析企业面临的各种风险，评估企业的综合风险水平。

⑤采用贝叶斯方法：基于贝叶斯定理，将先验信息和样本信息结合起来，得出后验概率分布。此方法用于估计项目风险和不确定性。

超常规发展就会伴有超长规的风险。资本运作，本就是超常规的发展，所以资本永远会伴随着风险，而且远比其他发展方式风险要大。这要提前做好心理准备。

四、股权融资的案例

1. 腾讯控股有限公司（Tencent）

腾讯控股有限公司在 2004 年进行了首次公开募股（IPO），通过发行股份的方式募集了资金。在此次 IPO 中，腾讯发行了 4.8 亿股股票，筹集资金 17.4 亿元人民币。随着公司不断发展壮大，如今腾讯已成为全球最具价值的科技公司之一。

腾讯的成功源于其强大的产品创新能力、市场需求洞察能力以及前瞻性的战略布局。通过股权融资，腾讯迅速筹集到了发展所需的资金，不断扩大业务范围和市场占有率。同时，公司也积极回馈股东和社会，实现了良好的经济效益和社会效益。

2. 阿里巴巴集团（Alibaba Group）

阿里巴巴集团在 2014 年进行了规模巨大的 IPO，通过发行股份的方式募集了资金。在此次 IPO 中，阿里巴巴发行了 2.5 亿股股票，筹集资金 218 亿美元。阿里巴巴凭借其独特的商业模式和快速增长的市场份额，成功吸引了全球众多投资者的关注和追捧。

阿里巴巴的成功源于其创新的商业模式、卓越的治理结构和强大的执行力。通过股权融资，阿里巴巴迅速筹集到了资金用于继续拓展业务、提升技术实力和加强国际化布局。同时，公司也注重社会责任和可持续发展，为全球电商行业树立了典范。

3. 美团（Meituan）

美团是中国最大的本地生活服务平台之一，通过提供团购、外卖、酒店预订等多种服务，赢得了广大消费者的青睐。2018年，美团进行了新一轮的股权融资，由腾讯、京东等知名企业共同参投。此次融资为美团在竞争激烈的市场中巩固了地位，并进一步拓展了业务范围。

美团的成功源于其领先的技术实力、精准的市场定位和卓越的运营效率。通过股权融资，美团迅速筹集到了资金用于提升用户体验、拓展市场份额和加强品牌建设。同时，公司也积极探索新的商业模式，实现了持续快速增长。

第 23 节

股权众筹：运作优势、风险和运作机制

随着创业板的繁荣和发展，股权众筹作为一种新型的融资方式，越来越受到创业者和投资者的关注。股权众筹是众筹的一种表现形式，区别于债权众筹、回报众筹、捐赠众筹等其他众筹方式，具体来说，股权众筹是以股权（股份）方式进行的大众筹资，创业者向众多投资人融资，投资人主要用资金等作为对价换取创业企业的股权。

股权众筹的操作，主要是通过互联网平台，将股权融资和大众投资相结合。使众多创业者与大量合格投资人对接，从而降低了融资门槛，提高了融资效率，增加了融资渠道。所以，股权融资的优势比较明显，受到创业者和投资者的关注和青睐。

一、股权融资与股权众筹的区别

概念不同：股权融资是指公司通过向个人或机构投资者发售股份等筹集营运资金或资本开支。股权众筹基于互联网平台，众多投资者通过认购股权进行投资。

渠道不同：股权融资注重线下，而股权众筹基于互联网平台进行线上融资。

目的不同：股权融资通常是企业缺少资金而进行的融资，而股权众筹除了筹集资金，还有推广品牌认知、整合资源等目的。

门槛不同：股权融资的隐形投入较多，而股权众筹投入少、门槛低。

二、股权众筹的优势

1. 发现好项目

通过众筹，投资者有机会接触到许多优秀的创业项目，还有优秀的创业者，通过众筹的方式投资，让更多优质的项目横空出世。那么，什么样的投资项目才算是一个好的投资项目呢？

从宏观上说，优秀的项目具备广阔的市场前景，在行业中具有独特的竞争优势，如技术领先、品牌知名、管理高效等，能够获得超额收益。

从操作上来说，项目的商业逻辑清晰，容易操作。其实有许多好项目，投资人看了会惋惜，因为项目出现得太早，投资容易失败。因为领先两步会成为教训，领先一步能成为先行者。

从考察角度来说，项目好坏，在于人为。同样的项目，还是要看执行团队的能力。投资人一年能见到许多项目，比如电商模式，底层逻辑都一样。但是每个项目的讲法不一样，投资人最终还是看团队执行力，确定投资哪一个项目。

2. 降低投资风险

股权众筹通过将投资分散到多个项目中，降低了单个项目的投资风险。这叫"鸡蛋不能放在同一个篮子里"。

3. 创新优势

股权众筹为创业者提供了低成本的融资渠道，有助于推动创新和创业发展。

三、股权众筹的风险

1. 信息不对称风险

由于投资者通常无法全面了解创业项目，存在信息不对称的情况。比如，买方无法准确了解产品质量、卖家能力等，只能通过平均水平来推测，最终可能导致高价购买低质量产品。还有的人看上去慈眉善目，融资以后就变了，为了自身利益，隐瞒项目存在的缺陷。社会上有许多这样的"高手"，通过包装个人形象，获得多方融资，最终把投资人都害苦了。

2. 市场萎缩风险

尤其是互联网行业，项目成立时是风口，当项目运行三个月以后，发现风口已经关闭，这时就会面临投资失败。所以，不要认为如日中天的项目就值得投资。如日中天的项目，不如冉冉升起的项目。

3. 法律风险

不同国家和地区的法律法规，可能存在较大的差异，投资者需关注股权众筹可能涉及的法律风险。

4. 平台风险

表面上包装得很好的众筹平台，请名人站台，到处路演，吸引投资。事实上，他们可能在玩诈骗。所以，投资者要谨慎选择，认清众筹平台。

机会和风险并存，回报和损失同在。虽然股权众筹存在风险，但依赖互联网技术，还是可以扶持一批优秀的项目。股权众筹与传统的融资方式不同，股权众筹更加注重项目的潜力和团队的能力，而非传统的财务数据和抵押品。

四、股权众筹平台的主要功能

1. 信息展示

为投资者提供全面、详细的项目和融资信息，帮助投资者了解项目内容和投资计划。

2. 在线认筹

为投资者提供在线认筹服务，帮助投资者完成投资决策和资金支付。

3. 风险控制

通过平台的风险评估和审核机制，降低投资风险，保护投资者权益。

4. 融资管理

为融资者提供融资全流程管理服务，包括融资申请、融资审核、融资路演、融资成功等环节。

5. 投后管理

为投资者提供投后管理服务，包括项目管理、投资收益分配、投资退出等环节。

6. 法律咨询

为投资者和融资者提供法律咨询和法律保障服务，确保融资过程的合法性和合规性。

7. 资源整合

为投资者和融资者提供资源整合服务，包括人才资源、市场资源、技术资源等，帮助双方实现互利共赢。

五、股权众筹的几个关键环节（见图4-4）

发起筹资，创业者需要制订详细的融资计划和商业计划，并在众筹平台上创建项目页面。

1. 选择平台

创业者需要根据自己的需求和平台的特点，选择合适的众筹平台。如果项目不能在规定的时间内达到筹款目标，那么创业者的努力将会付诸东流。由于股权众筹涉及法律法规，如果处理不当，还会引发法律纠纷。

2. 融资者提出申请

融资者将拟融资项目信息上传到股权众筹平台。平台公司是指地方政府为融资需要而设立的，以划拨土地、股权等资产组建的，从事政府指定或委托的城市基础设施和公共设施建设、运营业务，并主要通过融资承担和参与投资项目的公司。平台公司控股的子公司，只要具有独立法人资格，也可以独立融资。

3. 发布融资项目

通过筛选与审核，平台将项目的详细信息与融资情况对外发布出来。在筛选出合适的项目后，投资者需要进行投资决策。这包括确定投资方的权利、义务以及创业者的权利和义务等。在这个过程中，投资者应当保持警惕，确保资金安全，同时关注资金的去向和用途，确保资金合理使用。

4. 项目审核

众筹平台对项目进行筛选与审核。在选择好平台后，投资者需要对平台上展示的项目进行审核。在这个阶段，投资者需要了解项目的管理团队、项目进展、财务状况等信息，并参与到项目管理中来。

项目管理的方式可以是线上或线下的，具体根据众筹项目的情况而定。投资者在项目管理中需要积极参与，为项目的成功实施出谋划策，同时也需要行使自己的股东权利，对公司的经营进行监督。

5. 路演与募资

路演和募资是股权众筹的关键环节之一。在这个阶段，众筹项目需要向公众展示其商业模式、运营状况、市场前景等信息，以吸引更多的投资者。

6. 财务披露与法律风险

财务披露和法律风险控制是股权众筹中非常重要的两个环节。在财务披露环节，众筹项目需要对公司的财务报表进行公开，让投资者了解公司的经营情况和财务状况。

7. 投资者认筹

投资者通过分析股权众筹平台上的项目信息并结合自身的投资经验，对合适的项目进行投资，从而完成众筹。资金投入后，投资者将获得相应的股权。

8. 持续关注与退出

投资不是一次性的行为，而是需要持续关注和管理的。

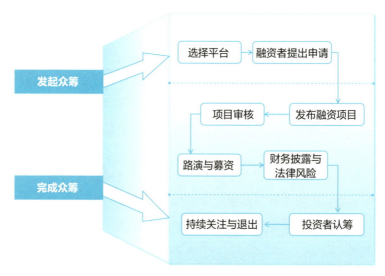

图 4-4　股权众筹操作步骤

　　总之，股权众筹是一种新型的融资方式，为创业者和投资者提供了新的机会和挑战。投资者通过全面了解众筹平台的运营模式、项目筛选、投资决策、合同签订、资金投入、股权分配以及持续关注与退出等关键环节，理性进行投资决策，实现资产的有效管理和增值。

　　创业者通过项目发布、项目管理、项目路演、财务披露与法律风险控制等关键环节，吸引更多投资者的关注和支持。

　　众筹平台通过互联网平台，将股权融资和大众投资相结合。将众多创业者与大量合格投资人进行对接，从而降低了融资门槛，提高了融资效率，增加了融资渠道。

第 24 节

股权众筹：颠覆传统融资的利器

根据相关数据，全球股权众筹市场将在 2025 年达到 500 亿美元。在国内，政府对股权众筹也给予了大力支持，将其视为推动创新创业的重要手段。这种趋势的原因在于，股权众筹不仅能够为创业者提供资金支持，还能为他们提供宝贵的市场反馈和指导。让投资者在早期阶段参与到企业的发展中，并获得相应的投资回报。与其他融资方式相比，股权众筹具有更高的灵活性和创新性。

一、股权众筹的意义与价值

股权众筹不仅是一种新型的融资方式，更是一种金融创新。其价值主要体现在三个方面。

1. 推动创新创业

股权众筹的出现为创业者提供了更多的融资渠道，同时也为投资者提供了更多的投资机会，推动了创新创业的发展。在这个过程中不仅涌现出了很多优秀的创业项目，而且促进了科技和社会的进步和发展。

2. 完善金融市场

传统的金融市场是以银行、证券等金融机构为主导的，但是这些机构并不能满足所有人的需求。而股权众筹作为一种新型的金融业态，可以有效地弥补传统金融市场的不足，为金融市场带来更多的活力和创新。

3. 促进普惠金融发展

股权众筹的另一个作用就是可以促进普惠金融的发展。普惠金融是指以可负担的成本为有金融服务需求的社会各阶层和群体提供适当、有效的金融服务。股权众筹通过互联网平台，降低了投融资门槛，使更多的人可以参与到投融资活动中来，从而促进了普惠金融的发展。

二、股权众筹的分类

股权众筹主要分为以下三类。

1. 凭证式众筹

主要是指在互联网上通过卖凭证和股权捆绑的形式来进行募资，出资人付出资金取得相关凭证，该凭证又直接与创业企业或项目的股权挂钩，但投资者不成为股东。

2. 会籍式众筹

主要是指在互联网上通过熟人介绍，出资人付出资金，直接成为被投资企业的股东。

3. 天使式众筹

出资人通过互联网寻找投资企业或项目，付出资金直接或间接成为该公司的股东。与凭证式、会籍式众筹不同，天使式众筹更接近天使投资或风险投资的模式，出资人通过互联网寻找投资企业或项目，付出资金直接或间接成为该公司的股东，同时出资人往往伴有明确的财务回报要求。

除了以上三类，根据不同的影响因素，还可进行细分。

（1）根据融资目的分类。

根据融资目的，股权众筹可以分为公益众筹和商业众筹。

公益众筹筹集的资金主要用于公益事业，商业众筹则主要用于商业目的。

这种分类方式的优点在于，可以让投资者更好地了解众筹项目的目的和用途，从而更好地评估其风险和收益。缺点则在于，有些众筹项目可能兼具公益和商业目的，因此难以明确归类。

（2）根据众筹平台分类。

根据众筹平台的目的和功能，股权众筹可以分为垂直众筹和非垂直众筹。

垂直众筹是指专注于某一领域的众筹平台，如科技、艺术、医疗等，这种众筹方式的优势在于，可以让投资者更好地了解众筹项目的行业背景和技术特点。非垂直众筹则是指涉及各个领域的众筹平台，这种众筹方式的优点在于，可以为投资者提供更丰富的投资选择。缺点则在于，由于涉及领域众多，投资者需要对各个行业都有一定的了解，以更好地评估众筹项目的风险和收益。

（3）根据投资者的参与程度分类。

根据投资者的参与程度，股权众筹可以分为领投式众筹和跟投式众筹。

领投式众筹是指由一位经验丰富的投资者率先投资一个项目，并吸引其他投资者跟投。这种众筹方式的优点在于，可以降低投资者的风险，并为缺乏投资经验的人群提供指导和帮助。跟投式众筹则是指由多个投资者共同投资一个项目的方式，这种众筹方式的优点在于，可以让投资者之间共同分担风险和收益。缺点在于，需要投资者自行评估项目的风险和收益，并自行决定投资额度。

（4）根据融资方式分类。

根据融资方式，股权众筹可以分为直接众筹和间接众筹。

直接众筹是指创业企业通过互联网平台直接向广大投资者募集资金。这种众筹方式的优点在于，可以降低创业企业的融资成本，并为投资者提供更灵活的投资选择。

间接众筹则是指创业企业通过第三方机构或个人向广大投资者募集资金，这种众筹方式的优点在于，可以通过专业机构或个人的资源和经验，为创业企业提供更全面的融资服务。缺点在于，需要创业企业承担一定的中介费用和管理成本。

总之，股权众筹的分类方式多种多样，不同的分类方式有着不同的优缺点。对于投资者而言，了解股权众筹的分类方式和特点，可以帮助他们更好地评估众筹项目的风险和收益，并做出更明智的投资决策。对于创业企业而言，了解股权众筹的分类方式和特点，可以帮助他们更好地选择适合自己的融资方式，并获得更高效、更全面的融资服务。

在实践中，随着人工智能和大数据等技术发展，众筹平台的运营效率更加高效，更加智能。可以汇集投资信息，协助投资人和被投资人做出决策。投资者和创业企业可以根据自己的需求和特点，选择最适合自己的股权众筹分类方式和平台。

第 25 节

私募股权的概念与认知

私募股权起源于 20 世纪 50 年代的美国，当时的一些富有家族和大型机构，尝试性地投资非上市公司，以获得更高的投资回报，于是有了私募股权。

在本节和下一节我将带大家了解私募股权的概念和运作逻辑。

一、私募股权的一个目的

私募股权有一个明确目的：增值。私募股权本就是金融工具，它是针对非上市公司的投资方式，它的出现就是为了实现增值。私募股权作为一种直接、灵活、低廉且高效的投资方式，逐渐受到了市场各方的青睐。

随着全球化和市场化进程的加快，国际化的公司开始寻求更多的资本支持，以获得更大的发展空间。国内的公司，通过向特定投资者募集资金，获得公司的股权或资产。

二、私募股权的两个关键人：GP、LP

GP 是指 General Partner，是普通合伙人的意思。LP 是指 Limited Partner，是有限合伙人的意思。私募股权、私募基金、私募投资，不论哪种类型的模式，关键就是这两类人。投资市场越成熟，GP 和 LP 的职责越明确，边界越清晰。

可以简单理解为，GP 是普通合伙人，就是收钱的人，是投资公司的管理人士。LP 是有限合伙人，就是出钱的人，通过出钱进行投资。出钱的人，通常不参与管理。还可以用更简单的一句话来概括：GP 出力，LP 出钱。

这两类人士之间，并不是一生一次的关系，不是一件事合作一辈子。如果合作得好，LP 会提早退出。如果合作不好，两者也会提早结束。因为 LP 投资的目的，就是增值，既然增值，就要变现退出。所以，他们不是一生一次的关系，而是一生多次的关系。只要合作得好，下次会首选对方一起合作。

从合作角度来看，好的项目并不是超长线，要十年八年才有回报。好的项目是中短线，两到三年就可以变现退出。当然，也有一年就可以成形、可以退出变现的项目。但一年能做的项目，往往没太多回报。

LP 只需要考虑投资，不涉足管理，也无权插手 GP 的投资运作。他们投资以后，只要在约定期限获得投资回报就可以。而 GP 既然拿到钱，就要全力以赴，专注于增值，要给 LP 回报，自己也从中获得回报。如果能获得 LP 的赏识和青睐，GP 的人气与名气也会在行业中提升。

GP 和 LP 之间的关系、合作的契约精神，决定着私募市场的发展。

三、私募股权的三个关键点：高收益、低风险、可持续

1. 高收益

私募股权通常以基金形式来投资，由专业的基金公司来运营。基金管理公司把钱投到有潜力的公司或项目上，获得高额的投资回报。这就是三个关键点之一。

获得高收益，需要精选标的，协调好投资周期。从行业及标的的风险特征进行选择，以大类资产配置理论为指导，通过结构化、平衡化、多元化的投资策略，来提高投资回报率。

整个路径分为价值发现、价值持有、价值提升、价值放大、价值兑现五个阶段。

2. 低风险

私募股权投资的风险，主要来自投资项目的失败和市场的变化。因此，在选择投资项目、制定投资策略时要充分考虑各种风险因素。风险包括已知的风险和未知的风险。已知的风险，但凡入行满三年的人，都能看出一些，比如行业风险、人工风险、市

场风险、价格风险、财税风险。其中财税本没有风险，这完全是人为造成的，比如偷税漏税。

而未知的风险有全球金融状况、政策变化、金融行业风云突变等。只有精英人士，尤其是走遍全球金融市场的人，才能发现未知风险。甚至不用亲眼发现，就是身在金融漩涡中，感知行业动态。

投资新手、投资老手、投资高手的区别不在于对已知风险的把控，主要在于对未知风险的把控。用我们日常生活中的案例感觉一下：一家门店不赚钱，投资新手认为，人们都网购了，为什么还在店里购买，网店就是门店的风险因素。投资老手不这样认为，麦当劳、肯德基、星巴克，不都是线下门店，是网店完全取代不了的，因为他们已经有标准化服务。所以门店也不是不可以投资，关键看服务质量，服务质量好，照样可以投资。而且投资高手敏锐地发现，服务好也不是关键因素，标准化服务才是制胜因素。标准化服务才可以复制，只有复制才可以实现规模化，只有规模化才可以增值。所以，投资就要看管理团队中有没有会标准化操作的人才。

3. 可持续性

可持续性是私募股权投资长期发展的重要保障。私募股权投资不仅要关注当前的投资收益，还需要考虑未来的发展前景。既要着手于眼前利益，也要着眼于未来的投资回报。可持续性收益，就是投资高手投资的目标。他们看中一家有潜力的行业，往往会把此行业前几名的公司全部投资一遍，为的就是可持续回报。而且在投资过程中，还会对投资的公司进行整理，以获得更大的收益。

四、私募股权运作的四个特性：保密性、专业性、风险性、贪婪性（见图4-5)

1. 保密性

私募股权的持有者，通常不希望外界了解其投资或财务状况。所以要严格保密，防止竞争对手恶意竞争，以及防止消息外泄，引起市场波动。彼得·蒂尔（Peter Thiel）在描述 PayPal 初创时期的经历时曾说过："在创业初期，我们尽量避免与媒体打交道，因为这会引来不必要的关注和批评。"这种简洁明了的表达方式，可以让读者更好地理解私募股权保密性的重要程度。

2. 专业性

私募股权，仅仅"私募"两个字，就能让许多人望而生畏。懂股权的人未必懂投资，懂投资的人未必懂私募投资。股权本就是一类专业知识，投资更加专业，而私募的专业性更强。所以，从业人员的数量也有所不同。

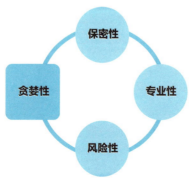

图4-5　私募股权四个特征

假如，社会上有 10 万名股权分配的专业人士，那么对应的投资人士只有 1 万名，而私募投资人士仅有 100 人。另外，假定书店有 100 本关于股权的书籍，对应投资类的书籍只有 10 本，则私募类的书籍只有 1 本。

3. 风险性

俗话说："风浪越大，鱼越贵。"风浪和鱼是息息相关的，市场同样如此，高回报往往伴随着高风险。

前文虽然说要追求低风险，但其实风险的大小，在于 LP 的实力和 GP 的掌控能力。1000 万元对于新手是个大数目，对于老手就是个小数目。所以，风险是相对的，也是时刻存在的。

但凡与资本沾边的，就都有风险，考验的就是从业者对风险的预判能力，以及对风险的承受能力。如果这个行业没有风险，那这些金融人士全部都会转型，转到有风险的行业。

4. 贪婪性

人性是贪婪的，贪婪的人往往出现在资本领域。投资有所回报的，会想得到更多的回报。投资一次成功的，会期望每次都成功。

事实上，经常期待投资成功的人，往往都是投资新手，并没有太多的回报。而投资老手，往往能沉得住气，懂得把握时机进入，在恰当时期退出。进入时果断，退出时不贪恋，资本让他们做得风生水起。投资高手，都懂得不败的兵法，只要立于不败，就能引领投资。世界顶级的投资大鳄，例如巴菲特，都是持有这样的心态，非常平和，不急不躁，没有太多理论，眼光足够高远。

第 26 节

私募股权运作五步骤

上一节讲到私募股权的四个特性，下面介绍私募股权的五个运作步骤（见图 4-6）。

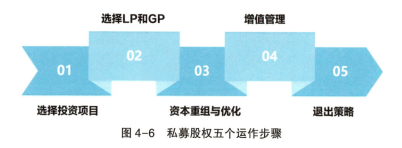

图 4-6　私募股权五个运作步骤

第一步，选择投资项目。

如何选择？当然是根据自己的判断力、经济实力来选。在选择过程中，还要考虑人性的因素，国内的投资市场日渐规范，但还没有到成熟的阶段，许多 LP 仅仅投资，不能过问 GP 的事，这是他们的痛点。投资人其实有强烈的掌控欲，不仅要知道项目过程，还希望掌控过程。

第二步，选择 LP 和 GP。

现在许多媒体上都有报道，"LP 管得太多，干扰投资决策""国内 GP 不靠谱，让我的投资打水漂"，这类声音经常出现，导致双方矛盾升级，甚至对簿公堂。LP 迫切希望听到市场前线的声音，GP 则希望得到 LP 的充分信任。因为这种情况，国内 LP

和 GP 关系往往变得很复杂，职责边界经常模糊不清。两者不够理性，矛盾经常爆发，所以合作协议的约束条款就非常重要。

第三步，资本重组与优化。

资本重组与优化是企业在经济发展的大背景下实现战略转型和升级的重要手段之一。通过资本重组和技术创新，企业可以不断提高自身竞争力、优化资源配置、增强创新能力等，从而实现持续增长并取得成功。在今后的市场竞争中，我们有理由相信，那些能够充分利用资本重组与优化的企业将会在变革中脱颖而出，成为行业的佼佼者。

比如，苹果公司在 20 世纪 90 年代通过资本重组和技术创新，成功推出了个人电脑和便携式音乐播放器等革命性产品，从而一举成为全球最具影响力和价值的科技公司之一。

优化资源配置，将有限的资源投入最能产生效益的领域和项目上，实现最大化的价值创造。例如，亚马逊公司在早期通过资本重组，将资源从传统的实体书店转向电子商务领域，从而实现了跨越式发展。亚马逊公司的成功经验告诉我们，资本重组和优化能够使企业更好地适应市场需求，提高资源的利用效率，实现持续增长。

创新优化，创新是推动企业不断发展的关键因素之一。通过技术创新、业务模式创新、市场创新，获得资本优化。例如，特斯拉公司通过不断的资本投入和创新，成功地推动了电动汽车产业的发展，成为全球最具创新力的企业之一。特斯拉公司的成功经验告诉我们，资本重组和优化是企业实现创新、拓展新业务领域的重要支撑。

第四步，增值管理。

私募股权公司在投资后通常会为所投资的公司提供一系列增值服务，如战略规划、市场营销、运营管理、决策管理等，以提

股权资本

高其整体竞争力。

对于短期投资，可以选择高流动性的投资品种如货币市场基金；对于长期投资，可以选择具有较高增值潜力的股票或股权投资。在经济增长强劲时，可以增加对股票和房地产等资产的投资；而在经济衰退或通货膨胀时，可以增加对债券和黄金等资产的投资以对冲风险。在股票市场出现底部信号时，可以增加对股票的投资；而在股票市场顶部时，可以适当减仓以降低风险。

如果投资组合的收益低于预期，需要检查投资策略和技巧是否合适；如果投资组合的风险过高，需要重新调整投资组合以降低风险。

制订有效的增值计划，实时调整投资策略，实现增值。

第五步，退出策略。

私募股权公司在投资后通常会制定一套完整的退出策略，以在合适的时间和条件下将所投资的公司出售或再次转让，从而获得投资收益。

私募的退出策略有以下几种（见图4-7）。

图4-7 私募股权的退出策略

1. IPO 退出

首次公开上市，是风险投资企业在证券市场上第一次向社会公众发行股票，风险投资者通过被投资企业股份的上市，将拥有的私人权益转化成公共股权，在市场认同后获得投资收益，实现资本增值。

这是被投资人最理想的退出方式，也是投资者获得最高收益的退出方式之一。但同时也存在一定的风险，最终可以上市的企业，一般是千里挑一。因此，投资是一个概率事件。

2. 并购退出

并购退出是指在一家企业通过购买另一家企业的股权或资产，来获得其控制权或所有权的行为。并购私募股权投资基金可以通过并购方式退出，将所投资的企业出售给其他企业或机构。这种方式可以迅速实现投资的流动性，但也可能导致企业控制权流失。

并购退出是次优选择，上市无望可能会选择。

3. 转售退出

转售退出即投资人将持有的股份转让给第三方投资者，是一种具有挑战性的选择，被投资企业盈利有限，或者投资人有特别原因，可能会选择转售退出的方式。

转售退出时，企业需要考虑多种因素，包括了解市场、制定合理的定价策略、优化交易结构、建立有效的沟通渠道等。

了解市场：在转售过程中，了解市场状况至关重要。这包括了解潜在买家的需求、竞争情况以及其他相关因素。

制定合理的定价策略：定价需要考虑到公司的财务状况、市场需求以及其他相关因素。合理的定价策略有助于吸引更多的潜在买家。

优化交易结构：通过优化交易结构，可以降低税收成本、改善现金流并提高公司的战略利益。

建立有效的沟通渠道：与潜在买家建立有效的沟通渠道有助于增加交易机会并提高交易效率。

4. 分红退出

分红退出即被投资企业不断向投资人分红，使投资人获得的分红超过投资本金，虽然投资人仍持有股份，但事实上已经获得了满意的投资回报，投资退出不退出已经无所谓。这种情况出现得比较少，常见于短期盈利能力突出的轻资产公司（如游戏公司），投资人如果有意采用这种退出方式，可能会要求优先分红权。

5. 选择性回购退出

选择性回购退出是指在公司赚钱的情况下，投资人或创始团队/管理层按照投资协议约定或双方商定，将持有的股权溢价转让给创始团队/管理层。

回购条款或对赌条款一般会出现在投资协议中，其目的是保护投资人的利益，当被投资企业盈利水平不高或出于投资人自身原因等，投资人可按照约定将所持有的股权转让给创始团队/管理层，从而获得投资回报。

6. 股份回购退出

股份回购退出是指企业或创始人通过二级市场或私下协议等方式，购买投资者所持有的企业股份。

股份回购通常发生在公司业绩不佳或企业需要资金支持的情况下，通过股份回购可以调整公司股权结构，改善公司治理，提高企业整体竞争力。通过自有资金或融资方式，购买私募股权投资基金所持有的企业股份，这种方式可以保证企业的控制权不流失，同时也可以为投资者带来稳定的收益。

需要注意的是，股份回购需要遵守相关法律法规和政策规定，确保交易的合法性和合规性。

7. 资产剥离退出

资产剥离退出是指将风险企业或资产的一部分出售给第三方，以实现风险资本的退出。

资产剥离是风险投资退出的途径之一，剥离并非企业经营失败的标志，它是企业发展战略的合理选择。通过剥离不适合企业长期战略、没有成长潜力或影响企业整体业务发展的部门、产品生产线或单项资产，可使资源集中于经营重点，从而更具有竞争力。同时剥离还可以使企业资产获得更有效的配置，提高企业资产的质量和资本的市场价值。

总之，私募股权投资基金的退出策略，需要根据市场环境和企业实际情况进行灵活调整。以上介绍的几种常见的退出方式都有其优缺点，基金管理人需要综合考虑各种因素来选择最适合自己的退出方式。

以上私募投资的内容包括一个目的、两个关键人、三个关键点、四个特性、五个步骤，每一条内容展开都可以写一本书。在学习时要有统揽性、全局性，实际操作时，每个细节都要在实践中体会学习，最终成为行业高手。

5

第 5 章
资本与上市

第 27 节

公司上市前如何布局与设计

大家知道，要想通过合伙制度吸引人才，往往需要一个远大的梦想，这个梦想往往与增值有关。实际上，上市对公司而言是很容易的，也是许多创业家和合伙人向往的。上市可以放大公司的股权价值和合伙人的价值，使其成倍增加。

上市是复杂的战略工程，需要精心策划。一个公司选择上市或不上市、开放或不开放，以及是销售赚钱，还是走资本路线，都有一个共同的前提——战略设计。

与企业命运相关的事，都可以称为企业战略。对于战略的规划就叫战略设计，企业在上市之前，需要做哪些设计和布局呢？

公司上市有四大布局、业务布局、盈利布局、税务布局、资本布局（见图 5-1）。

一、业务布局

准备上市时，关注的是未来，是公司未来的盈利能力以及可能的收益。无论是投资者还是管理机构，他们更关注的是公司未来的赚钱能力，而不是过去的收益。因此，为了更好地规划公司的业务，需要将业务分为两类：赚钱的业务和值钱的业务。

在考虑设计业务布局时，公司需要明确哪些业务是赚钱的，哪些业务是值钱的，然后将它们分别进行布局和规划。

图 5-1　公司上市四大布局

例如，如果你拥有一家控股公司，则建议你将这家公司分解成两个子公司。第一个子公司是赚钱的业务，这个业务是家族控股公司或大股东个人所持有的。这部分业务是公司的现金奶牛，不开放给外部投资者，由大股东自己保留。

第二个子公司是值钱的业务。这部分业务需要对外开放，吸引更多的投资者和合作伙伴。

通过区分这两类业务，就可以更好地规划公司的未来发展，并为不同类型的投资者提供不同的投资机会。

很多时候，企业的业务能赚钱，但并不一定特别值钱。可以想象，一个公司有研发部门、生产部门和销售部门，如果每个部分都运转良好，哪个部分最值钱，哪个部分最赚钱呢？

对于销售公司或贸易公司，业务部门最值钱。对于互联网公司，研发部门最值钱，研发部门不仅有新产品输出，还有知识产权输出，如果这些知识产权受到重视，还会产生源源不断的利润。比如微软公司，不要以为它的操作系统最赚钱，其实更赚钱的是它的专利，每一部手机，不管是安卓系统还是苹果系统，很多都是微软授权的专利。专利还会建立竞争壁垒，如果技术不开放，那同行同业就要自己摸索，现在的行业，并不是每家公司都会开放技术的。

因此，一定要区分哪些是赚钱的业务，哪些是值钱的业务。这样才能更好地管理自己的资源，从而实现最大的价值。区分好赚钱业务和值钱业务，就是业务布局的方式之一。

另外，许多公司在发展时，也会不断转型，贸易型公司也会转型为互联网公司，门店型公司也可能转型为电商。线下门店不容易赚钱，那就可以转到线上。这时整个公司的赚钱与值钱业务，就会发生改变。

如果从经济角度来考虑，贸易公司虽然能很快地赚钱，但是在品牌建设和产品研发上可能没有什么进展。所以贸易型公司，一般不太值钱，而且贸易型公司也难以上市。左手买进，右手卖出的企业，基本上不了市，也可以说它赚钱，但是不太值钱。既然上不了市，那就必须转型，必须提前做好业务布局。

从品牌角度来说，无形的资产比较值钱，有形的资产不太值钱。依然以微软为例，比尔·盖茨曾说过，给我带一百位工程师，我可以再造一个微软。显然，微软的无形资产非常值钱，所以微软创始人常年居于世界首富地位。

从投资人角度来说，能上市的业务就是好的业务，不能上市的就不是好业务。做好业务布局，把赚钱变成值钱。只有值钱，未来才能赚更大的钱。

二、盈利布局

对于财务结构，应该关注核心的盈利指标和增长潜力。因为上市企业需要充分展示其赚钱能力和成长性，所以必须要设计出盈利方案。因为上市的基础，不论是上哪个板块，关键是盈利能力。发展期的新兴企业则需要更高的成长率，在 20%～30%。在具体操作过程中，还需要考虑到板块的不同，例如基础板的利润要求、创业板的特殊情况、北交所的准入条件等。创业板上很少见 500 万元利润的，北交所要求利润最少 2500 万元，同时还要关注公司所处的不同发展阶段，对增速差别化要求，这对公司未来发展和估值非常重要。

因此，设计盈利路径时要清清楚楚，明明白白，资金是怎么流动的，利润是怎么回流的。设计一系列盈利的路径，不是一条，而是多条并重来运作。第一条盈利路径，当下可能不赚钱，未来成熟了，成本会减少，然后变得非常赚钱。就像中国铁塔集团，它是专门做通信基站的，这是国家专门成立的基站公司，以前是移动、电信、联通公司自身来建，现在统一由铁塔集团来建。建设基站，一开始需要大量投资，建好以后，这个成本会收回来，之后就是源源不断的利润。当然，这样的盈利路径，也正是投资人所看中的，他们就喜欢当下不赚钱、未来可以赚大钱的项目。如果当下非常赚钱，投资人的钱往往投不进来，企业也不一定需要别人来投资。

第二种盈利路径是公司基础业务，不管赚不赚钱，都是公司的基础，少了这个路径，公司就没了。比如公司是造新能源汽车的，这就是其基础业务。随着市场竞争，许多新能源汽车已经消失。但有的汽车公司在主业消失之前做了转型，找到了新的主业。

第三种盈利路径是当下非常赚钱，但是未来可能不赚钱的业务。这样的行业也非常多，许多行业和职业，肉眼可见地在消失，这样的能力，慢慢地就不属于核心能力。比如速记这个行业，已经可以用人工智能代替了。还有校外教育，已经是过去式，当初最大的教育集团新东方，已经找到新的电商路径。还有公交车售票员、电话接线员、胶卷冲印师，都是正在消失的职业。随着社会的发展，人们的生活需求也会发生改变，眼下正火热的行业，都有可能被取代。

三、资产布局

资产布局一定要做出差异化，在控股公司层面，要精心策划，并且剥离出一部分重资产，让公司变轻，控股层越轻越好。那就要先了解一下，什么属于重资产：诸如机器、厂房和土地等资产，这些都是重资产，是需要被剥离的对象。

为什么不建议将这些重资产开放呢？原因有三个。第一，投资人通常不会投资土地和厂房，他们更看重的是增长性强的资产。第二，内部合伙人也未必看好这类资产。比如在某公司的资产中，有一栋楼估值两个亿，人们就会感觉，公司就这个楼值钱，其他都不值钱。但是在投资人眼里，因为有了这个重资产，其投资时所占的股权比例，就会变得非常少。不包括这个楼，投了1000万元，可能占到25%的股权。有了这个楼，投了1000万元，只能占到3%的股权，那么投资人会看好重资产吗？第三，许多地产类资产，会随着市场变化而变化。两个亿的房产，有一年突然变成三个亿，直接就多赚一个亿。而且这个资产，跟员工的努力一点关系也没有，跟合伙人的努力也没有太大关系，这就是运气成分。但是地产也可能会跌价，从两个亿变成一个亿，如果把地产纳入投资，地产跌了，投资人的钱也会跟着消失。所以要把重资产剥离出来，去关注轻资产。轻资产就是专利技术、研发团队、管理团队，还有公司的各项能力，如资源能力、营销能力、生产能力、渠道能力，这都是轻资产。

四、税务布局

上市之前，必须两年以上税务合规。要走上市路线，先做税收筹划，把税整理好。这个方面可以由专业人员操刀。公司方面要注意三个原则。

第一，合法性原则：企业要确保一切经济活动符合国家税收法律规定，同时要遵守上市公司的相关规定，以避免因违法违规行为损害公司利益和财务稳定。

第二，规范性原则：企业要制定完整的税务策划方案，明确上市前、中、后各个阶段税务策略和目标，清晰地了解企业的财务情况，尽可能减少税收风险和承担的税收责任。

第三，完整性原则：企业要对财务数据进行梳理，以保证各项数据的真实性和准确性。

此外，企业可以寻找相关税收优惠政策、相关行业的优惠政策、相关地区的优惠政策等进行税务规划。

以上四大布局就是四根顶梁柱，少一根都无法支撑一家公司上市。所以要同时布局，每类布局背后都要有优秀的专业人士指点。没有人才，学再多的布局也没用。没有人才，企业哪怕上市了，前景依然不明朗。所以，人才是四大布局的中心因素。

第 28 节

中美上市环境的差别

上市是大企业老板的头等大事，去哪里上市，这是大事中的大事。其实上市就像考大学，是人到了一定年龄的必由之路。但是选哪里上大学，要根据什么来选呢？从专业可以选，从分数也可以选，最终影响职业生涯的，其实是上大学的城市。

假如你在深圳念大学，大学毕业以后你可能留在深圳，你的职业生涯是受深圳这个城市影响的，而不完全受你的专业影响。只要你是尖子生，不管你是不是计算机专业，毕业以后都有可能去华为或腾讯。因为华为和腾讯引入人才，不仅仅是选择对口专业，还要择优录取。华为与腾讯会在大学中公开招聘，他们首先看中的就是人才的综合素质，至于专业，来到公司也不一定能发挥出来。

城市决定大学的命运，地区决定上市的命运。具体到哪里上市呢？总体的原则是，哪里合适，就在哪里上市。既然上市，就选最适合的，而不是为了上市就近选一个地方。上市是企业的头等大事，要长远规划，所以，上市别怕路远。

我们的企业，其实主要有两个上市的市场，一是中国，二是美国。美国是发达国家，他们的资本市场很发达，放眼全球，都是首屈一指。美国主要有纳斯达克和纽交所，美国的上市，主要在这两个地方。而我们国家也有许多企业，就是选这两个地方上市。资本市场发达与否，纽交所和纳斯达克说了算，为什么？

一是因为美国的资本是金字塔结构；二是因为纳斯达克的场外交易市场的数量大。

具体来说，美国资本市场是金字塔结构，金字塔意味着它很稳。而中国资本市场是倒金字塔结构，就是说主板与中小板相似，中小板与创业板相似，而主板、中小板、创业板中，位于上面的 PE（私募股权投资）和 VC（风险投资），有先机和资源，赚得盆满钵满。但是处在下方的交易市场，则所得甚少。在上市改革之前，有一段时间，上市已经沦为最佳"圈钱"工具，上市公司已经失去国民经济晴雨表的功能。

纳斯达克的场外交易市场能占到美国资本市场的四分之三，而中国的场外交易市场只是整个市场的冰山一角。中国有许多优质企业暂时还没有上市。其原因基本有三个。一是不愿意上市，低调行事，闷声发大财。这样的企业有很多，只要媒体不曝光，不知道他们的盈利能力有那么强。二是能在美国上市，但无法在中国上市。除非把公司股权改为同股同权，才有上市的可能。三是提交了上市申请，但是条件不符，审核被拒。比如罗振宇的得到公司就非常想上市，六次提交上市申请，均未通过。对以上三个不上市的原因，下文会从专业角度再次解读。

总之，市场大环境虽然有一些低落，但国内的整体情况依然向好。有许多低调的企业，慢慢会浮出水面。据权威人士预测，在未来五年，我国的新三板市场将超越深交所，未来十年将超越上交所，2030 年时，将成为全球最大的证券交易所。新三板潜力无限。

为什么叫新三板？有旧才有新，有一才有二，有二才有三。很显然，中国有一个老三板市场，然后建了新三板。老三板是在2001 年至 2002 年，国家为了解决企业法人股的流通和退市问题，专门开辟的股权转让系统。随着时间变化，这个上市板块已经无法满足市场需求。所以在 2006 年 1 月，经国务院批准，在北京中关村园区进行首批股份报价转让试点，这个试点是新三板的雏形。

经过六七年磨合，股权转让模式已经在全国铺开，上海的张江、武汉的东湖、天津的滨海都建立了场外交易市场，只要符合挂牌条件，就可以在这四个园区上市。这四个园区，由当时的证监会统一监管。现在证监会已经改为国家金融监督管理总局，许多政策也进行了升级。除了有总体的上市纲领，每个区域还会出台一系列扶持政策，不仅有税收优惠，还有金钱补贴。

我国的新三板上市，用了大约 7 年时间，发展到如今这样。而美国的上市，却用了 25 年时间。美国上市用的时间很长，也许再有 10 年时间，我们就可以追上。毕竟我们的资源和市场，远远大过他们的资源和市场。

中美上市的区别，一是在上市模型和结构上；二是在上市的潜力上。我国目前上市公司的数量较少，但未来数量将远远超过美国。我国的国家政策一直关注着上市，扶持着上市。尤其在 2014 年 8 月 25 日，这一天新三板市场迎来一个转折，从这一天开始，我国实行市商转让制度。这可以增加新三板市场的流动性，可以增加市场活跃度。

2016 年 5 月 27 日，全国股转公司发布了《全国中小企业股份转让系统挂牌公司分层管理办法（试行）》。这次改革，把新三板分为两个层级，一是基础层；二是创新层。这样，可以让更多的企业挂牌。

创新层有三个准入标准，符合其中一条标准，就可以挂牌上市（见图 5-2）。

第一，盈利标准。最近两年连续盈利，两个会计年度净利润不少于 1000 万元，既考察盈利性，也考察成长性。许多企业都可以达到，并且几百家公司已经在排队，只不过上市的审核时间较长。

第二，营收标尺。考察最近两年营收不低于 4000 万元，股本不少于 2000 万元，年均复合增长率不低于 50% 的企业，且其。年复合增长率高于 50%，那说明其成长性很好。只要成长性好，上市就不成问题。

第三，市值考察。要求 60 日内，企业平均市值不少于 6 个亿，最近一年年尾，股东权益不少于 5000 万元，有效投资者人数不少于 50 人。公司要按正规的上市标准，须选择一位高级管理人员成为董事会秘书，而且这位董秘要取得全国股份转让系统董事会秘书资格证书。这个标准就是兵马未动，标准先行。没上市，也要有董事会秘书，专门处理和协调董事的关系。当企业做到这一步，就证明其有创新力，是行业中的佼佼者。

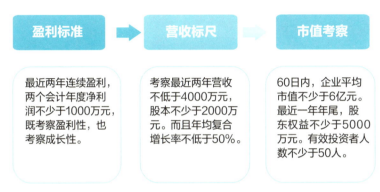

盈利标准 ➡ **营收标尺** ➡ **市值考察**

最近两年连续盈利，两个会计年度净利润不少于1000万元，既考察盈利性，也考察成长性。

考察最近两年营收不低于4000万元，股本不少于2000万元。而且年均复合增长率不低于50%。

60日内，企业平均市值不少于6亿元。最近一年年尾，股东权益不少于5000万元。有效投资者人数不少于50人。

图 5-2　新三板上市标准

上市其实是一次考试，要通过上市验证公司的短板和实力。而且，企业会因为上市路径获得市场关注，获得客户关注，获得资本方关注。上市路上，会吸引到投资。不上市，可能就拿不到投资。或者说，上市能拿到上亿级的投资。不上市，拿到的都是百万级的投资。

同样，因为上市获得的融资，都是战略性融资。因为缺钱而融资，就不是战略性融资。记住，投资必须具有战略性，不要认为有回报就去投资。

上文提及的三个原因，下文将从专业角度再次总结。

一是我国企业面临的资本市场、政策并不完善。比如主板、创业板的上市门槛很高，而创新型企业还需要较长时间去打拼市场，所以盈利能力较弱，可能不符合标准。

二是股权结构，大陆的上市标准要求同股同权。但是许多科技类公司是同股不同权，所以暂时不适合在大陆上市。例如小米集团，最后选择在中国香港上市。阿里巴巴也不符合同股同权要求，但我相信某一天，它也会在大陆上市，并且享受到红利。相信大陆最终也会迎来不同层面的上市。

三是中美支持的行业领域不同，支持领域不同，对上市的公司也有相应的支持和制裁。

第29节

企业不想上市的七个原因

事有两面，物有正反，企业未来的发展方向只有两条，要么上市，要么不上市。

需要注意三个细节：一是上市并不是终点，上市以后，仍然需要继续奋斗。二是上市如同企业"毕业"，达到上市条件，可以选择不上市，不上市也是一种发展战略。三是用上市检验企业的发展，许多公司虽然规模很大，但是属于"夕阳产业"，前景并不明朗。

企业不上市是一种战略，上不了市是一种现状。从资本角度来观察企业，也要看企业是否有资格上市，当然，选择不上市的不防碍其是优质的企业的事实，可以去投资。上市可以获得投资回报，不上市同样可以获得回报。

不上市的原因按先后顺序有以下7条（见图5-3）。

图 5-3　企业不上市的七个原因

一、有不能公开的商业机密，上市会被盯上，政策上也不建议上市

从竞争角度来看，这样的企业其实是香饽饽。投资人悄然投资一家，独享其利润。过了三年，投资人又追加投资，继续享受利润，作为投资人，这也是好事。

有一些企业本来名不见经传，因为有了投资被行业盯上，然后其他投资人纷纷上门洽谈，也想投资。企业因为投资人增多，会失去精准的判断。一家公司投资了 1 亿元，企业的估值可能变成 100 亿元。当其他投资公司也追加了 B 轮、C 轮的投资时，企业的估值就变成了 2000 亿元。这时企业的眼光，是 2000 亿元的眼光。眼光太高不是好事，眼界高才是好事。

二、眼光短浅，意识淡薄，不懂上市

当企业做大以后，企业家的意识并没有改变，日常的管理方法没有改变，办公桌都是以前老式的，一张桌子，上面有一片玻璃，玻璃下面压着名片。名片都泛黄了，但是他们都留着，这是他们重要的客户。投资人为上市来洽谈，谈了三个小时，他们用浓重的方言说："你说的，我一句也没听懂。"他们不懂上市，但是懂得服务。他们一心想着把产品做好，并且年年升级。广告也打，并没有太过于科学的依据，就是根据利润，拿出一个百分比去投放。

现在，这类优秀的民营企业面临的问题并不是意识淡薄，也不是上市。完全不上市，依然有竞争力。他们面对的最大问题是如何"交班"。交班没那么简单，并不是开个会宣告一下就可以。"交班"会有许多问题，因为老一辈企业家，他们的管理班子基本都是老一辈，单纯换一位并不能改变什么。

站在投资人角度，只能等待。对于这类企业，投资人面对的最大问题，不是变现，而是等待。

三、小富即安，不想折腾，怕上市分钱

这也是老一辈企业家的心理，他们一手打拼的企业，经过20年风风雨雨，也积累了许多财富。不仅帮助当地劳动力就业，也让整个家族，甚至把整个家乡都带领着富起来了。老乡的子女，也安排了就业岗位。这些企业的使命，就是让家乡富起来，然后让国家富起来。至于资本路线，完全不考虑。

也不能说这种老板就是格局不大，他们有浓厚的情怀，只要老乡找上门，基本都会安排一份工作。但是他们不会选择上市，因为担心上市以后，会把钱分出去，还担心企业失去控制权，以后员工会被排挤。

这样的老板依然是优秀的老板，上一辈奋斗者，大多数就是这样的。这样的企业同样是优秀的企业，他们从来没向银行贷过款，没向投资人拿过钱。如果缺钱，就向老乡们筹措一下，一旦

企业回转，加倍还给老乡，这就是他们的情怀。企业，小富即安，这是时代的原因，不是格局的原因。

四、资本市场高不可攀，无桥可搭

一些企业有上市意识，也曾主动寻求上市。但是找不到合适的投资人，更不知上市的门该如何来敲。

这样的企业依然很多，他们也会参加一些资本方面的培训，在课堂上表现出急切的意愿。他们非常愿意上市，但是需要搭桥。他们参加培训的目的，本来也不是学习资本，而是需要上市的桥。

五、经历了上市路线，明白上市规则，听取科学建议，不去上市

不是上不了市，而是不上市可以做得更好。这样的企业，各个省也有很多。上市时听取了一些意见，然后准备了材料，规范了财务系统，优化了税务路线，公司的管理层对上市也有了认知，大家在上市的过程中，都有进步。经过两年上市的筹备，还解决了企业头疼的问题，最终选择不上市。

我们也曾做过这样的咨询案，企业发展出现了许多问题，财务和账目不清晰，公司的报销制度有许多漏洞。之后在上市筹备过程中，无意间把这些财务问题给解决了。然后，把上下游的应收账款和应付账款优化了，就这样变革了，内部人员和外部客户，欣然接受。

退一步来想，如果没有这个上市过程，要优化和梳理财务账目，会有许多的阻力。这完全是"无心插柳柳成荫"，后来我也把这个方式总结为"降维优化"。比如，一家汽车工厂，定位于高端车型，但是在研发过程中，高端没有做成，反倒把中端汽车

做出来了。这就是用高维做低维，往往可以做成。

六、曾经上过市，现在退市了，或者老板曾经做过上市公司，现在按上市发展，但是不上市

许多老板本就是连续创业者，有过辉煌的成功。比如马云、雷军、刘强东，他们不仅有上市公司，也有正在排队上市的公司，还有完全不上市的公司。他们非常清楚上市的方式，也了解上市的优势。他们明白，有的企业上市可以更好地发展，有的公司不上市可以更好地发展。

七、完全明白上市规则，但是不上市

公司管理层有经历过上市公司的高管，整个管理层非常清楚上市规则。大家审时度势，暂时选择不上市。未来，会根据时代发展，把其中某一个板块做到上市。

我们也遇到过几家这样的公司，上市不上市，都有清晰的逻辑和规划。说起上市非常坦然，也非常淡然，就像在园区盖一个楼一样简单。只要想做，提上日程即可。同样是优秀的民营企业，虽然不上市，但实力不次于上市公司。

第 30 节

公司估值的常用方法

随着市场经济的发展，公司估值越来越受到关注。估值也是企业并购、企业重组等经济活动下，不可或缺的重要环节。

评估公司市值的方法主要包括现金流折现法、市盈率法、市净率法、可比公司法、可比交易法等（见图 5-4）。这些方法各有优缺点，适用于不同的行业和情况。前三种方法是主观评估。当主观评估比较困难，无法下手时，就可以借助其他公司的价值进行判断。

图 5-4　公司市值估算法

比如瑞幸咖啡的估值，这是一家上市公司，市值由第三方做过评估。如果给喜茶、蜜雪冰城估值，它们还没有上市，到底要评估多少？喜茶的市值应该是小于瑞幸的，而蜜雪冰城的门店已经突破 3 万家，如果上市，市值无疑远超瑞幸，这就是大体评估。

同一家公司，用不同的方法，评估的结果也不一样，获得的评估报告也不一样。比如用市盈率法评估，会得出科学计算的值。而类比方式来评估则简单易行，但是在类比过程中，会忽略其中的风险。

不同的评估机构得出的结果也有所不同。所以，最好是用两种方式同时评估，就像给跳水运动员打分一样，五个人同时打分，去掉最高分，去掉最低分，取中间三个分数的平均值，这样的分数就比较中肯。

下面先看现金流折现法。

1. 现金流折现法

现金流折现法是通过预测公司将来的现金流量并按照一定的贴现率计算公司的现值，从而确定股票发行价格的定价方法。具体来说，现金流折现法是折现现金流量模型的具体应用，它是在考虑资金的时间价值和风险的情况下，将投资项目或企业的预期未来现金流量，按照一定的折现率折算成现值。

现金流量计算公式如下：

净现金流量（NCF）＝营业收入−付现成本−所得税

净现金流量是指一定时期内，现金流入和流出的差额。

净现金流量＝净利润＋折旧＝（营业收入−相关现金流出−折旧）×（1−税率）＋折旧

此公式可以用来计算净现金流量与净利润、折旧等指标的关系。

支付的各项税费＝损益表中所得税＋营税金及附加＋应交税金

其中，应交税金＝应交增值税−已交税金

支付的各项税费不包括耕地占用税及退回的增值税所得税。

现金流折现法是基于对未来现金流的预测，因此对于未来的不确定性因素，如市场风险、竞争状况等，无法完全消除。与其他的评估方法相比，现金流折现法更注重对未来的预测和折现，因此对于资产或公司的长期价值更为敏感，需要充分考虑各种风险因素，并根据具体情况进行敏感性分析。同时，现金流折现法也更为保守，对于不确定性因素的处理更为谨慎。

2. 市盈率法

市盈率法主要是基于市场的表现和预期来对企业进行估值，通过对类似企业的市盈率进行比较，可以得出目标企业的市场价值。正确运用市盈率法可以帮助投资者和管理者做出更加明智的决策。

市盈率法的适用背景，是企业的市场价值与盈利能力之间存在一定的关联，通过研究类似企业的市盈率，可以对企业的价值进行估算。这种方法以简单、直观、易操作为特点，被广大投资者和分析师所使用。

具体操作时，首先，对于市盈率的选取和预期，需要对市场和行业有深入的理解。对于投资者和分析师来说，理解并运用市盈率法能够更好地把握市场动态，发现投资机会，从而在投资领域取得成功。它强调对企业基本面的深入研究，对优质企业的长期投资，以及对市场非理性波动的冷静对待。

市盈率可以通过公开股票市场获得，或者通过与管理层、行业专家沟通得出。市盈率是一家公司股票的每股市价与每股盈利的比率，其计算公式为：

$$市盈率 = \frac{每股市价}{每股盈利}$$

其次，利用市盈率法对企业的价值进行评估，通过将类似企业的市盈率与目标企业进行比较，可以得出目标企业的市场价值。这个价值可以作为投资者和管理者决策的参考。市盈率越高，说明投资该股票的风险越大；市盈率越低，代表投资者能够以较低价格购入股票以取得回报。

市盈率法根据对被评估企业未来盈利状况的预测方式，可分为静态市盈率评估法、动态市盈率评估法和滚动市盈率评估法。例如京东目前的市盈率为 30 倍，阿里巴巴目前的市盈率为 25 倍。

在运用市盈率法时，需要注意以下事项。

市盈率应与行业平均水平、市场前景等因素相结合。不同行业、不同市场的市盈率会有所不同，因此在运用市盈率法时需要考虑企业所处行业和市场的前景，同时还需要考虑企业自身特点，以确定合适的市盈率。

不同的市场条件下，市盈率法的应用效果不同。在市场过热或过冷时，市盈率可能会出现偏离正常值的情况，因此需要对市场情况进行综合分析，以得出合理的市盈率。虽然市盈率法是一种常用的企业估值方法，但是它只是从盈利能力的角度来评估企业价值，而忽略了其他因素的影响，如企业的市场份额、品牌价值等。

3. 市净率法

市净率是指企业股票市值与账面价值（或净资产）的比率，其计算公式为：

$$市净产 = \frac{股票市值}{账面价值}$$

用于评估企业的价值和投资潜力。账面价值是指企业资产负债表中的所有者权益总额减去无形资产净值，再减去商誉等非流动资产价值。

这种方法的优势在于，它可以直观地反映企业的账面价值，并且可以比较容易地获得同行业上市公司的数据。然而，市净率法也存在一些局限性。例如，不同行业的市净率可能存在巨大的差异，这需要操作者根据具体情况进行合理的调整。此外，市净率法无法反映企业的未来收益和现金流，因此对于某些高成长性的企业可能不太适用。

市净率法在操作时，首先，要重视企业财务报表的真实性和准确性，以确保账面价值的准确性。其次，要注意不同企业之间的可比性和差异性，避免简单的一刀切。最后，要结合其他估值方法和财务指标，以得出更准确的企业价值评估结果。

企业估值中的市净率法操作步骤如下。

第一步：选取可比公司。

选取与公司所处的行业、公司的主营业务或主导产品、资产结构、经营规模、市场环境、盈利能力以及风险度等方面相同或相近的公司。

第二步：计算市净率。

市净率是企业股票市值与账面价值之间的比率，可以用以下公式计算：

$$市净率 = \frac{股票市值}{账面价值}$$

第三步：计算适用于目标公司的可比指标。

计算目标公司的股票价值（每股价值）。其计算公式由"市净率=每股价格/每股净资产"推导，即"每股价格=市净率×每股净资产"。具体计算公式为：

账面价值=所有者权益总额−无形资产净值−商誉等非流动资产价值

第四步：比较分析。

将计算得到的市净率与其他类似企业进行比较，分析企业价值的合理性和投资潜力。如果企业具有特殊情况或者处于特殊的行业，可以根据具体情况对市净率进行调整。

第五步：确定企业价值。

根据比较分析和调整后的市净率，结合企业的具体情况，可以确定企业的价值。具体操作方法是将企业的账面价值乘以调整后的市净率，即可得到企业的价值。

4. 可比公司法

在众多企业估值方法中，可比公司法是一种被广泛使用的策略，而且这是投资人喜欢的估值方法。企业估值中的可比公司法是指挑选与非上市公司同行业可比或可参照的上市公司，以同类公司的股价与财务数据为依据，计算出主要财务比率，然后将这些比率作为市场价格乘数来推断目标公司的价值。

使用可比公司法估值的关键步骤如下。

第一，选取合适的可比公司，在公司规模、产品或服务以及增长潜力方面比较相似，两者越相似，最后的估值越精准。

第二，选取合适的指标，这些指标可能包括收入、利润、市场份额、增长率等。通过比较这些类似的公司，可以得出目标公司的价值。

第三，可比公司估值法基于市场数据，可以反映总体成果。与现金流折现法相比，可比公司法操作非常简单，只需要找到最相似公司的关键财务数据，就可以快速计算出估值。所以，投资人喜欢用这种方法。

5. 可比交易法

在企业估值领域，可比交易法是一种基于历史成交价和财务数据的估值方法，适用于评估非上市公司股权价值。

可比交易法和可比公司法，原理大体一样，都是选择同行业中规模相近、财务相近的公司来对比。在所有行业中，科技行业中可比交易法应用最为广泛。科技类公司，常用可比交易法。其他类公司一般会用可比公司法。

使用可比交易法估值的步骤如下。

第一，收集整理目标公司及同行业其他公司的相关信息。

第二，收集类似公司的交易价格、交易规模、财务数据等信息，确保数据来源可靠且准确。

第三，筛选出与待评估企业类似的上市公司或非上市公司作为可比公司。

第四，计算出目标公司的平均溢价水平。

第五，计算出目标公司的价值。

可比交易法在操作时，不对市场价值进行分析，只是统计同类公司融资并购价格的平均溢价水平，再用这个溢价水平计算出目标公司的价值。所以操作时速度较快，数据比较直观，以历史交易数据为基础，无须复杂的预测和模型，操作相对简单，这是优点。

可比交易法的缺点也比较明显，市场环境的变化可能导致可比公司的价值发生变化，可比交易法不能完全反映一个公司的全部价值，因此在使用时，需要结合其他因素综合考虑。

另外，财务数据质量也会对估值产生影响，如果可比公司的财务数据质量不高，或者存在会计操纵等问题，将直接影响估值的准确性。

第 31 节

市值管理策略

公司上市以后，市值管理是经营的头等大事。公司上市以前，市值管理是经营的第二件大事，上市以前的头等大事，就是上市。市值管理的根本，在于实体与资本之间良性交互，从而实现资源最优化、风险最小化、价值最大化。通过市值管理，提升企业的信任度、知名度、认可度。

如何实现这"三化"，这就需要通过主动的策略，对资本市场中的表现进行优化和干预，从而获得大众认可，获得媒体关注，获得上下游供应商还有利益相关者的信任。

如何管理市值，提升市值？就具体的策略而言，有五个相关的合作人，分别为投资人、分析师、媒体、战略合作伙伴和监管机构（见图 5-5）。

下文将分别讨论如何与投资人、分析师、媒体、战略合作伙伴和监管机构建立良好的关系。

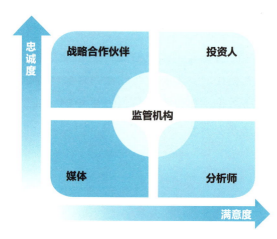

图5-5　上市五大关系者

一、投资人

投资人是企业发展过程中的重要角色，他们不仅投入资金，还为企业提供战略建议，帮助企业实现价值提升。在这个过程中，如何评判企业的价值是投资人必须面对的问题。下文将探讨投资人与企业价值之间的关系，并学习成功投资人的风格，以期为企业发展提供借鉴。

1. 投资人与企业价值的关系

投资人通过投资企业，成为企业的股东和董事会成员之一。他们通过参与企业的战略规划和日常经营，帮助企业实现价值提升。在这个过程中，投资人对企业的价值起到了决定性的作用。

首先，投资人的资金投入为企业提供了资金支持。企业的经营和发展需要大量的资金投入，而投资人正是这些资金的主要来源之一。他们的资金为企业提供了扩张的机会，帮助企业实现快速发展。

其次，投资人的战略建议为企业提供了发展思路。投资人通常具有丰富的行业经验和商业资源，他们的战略建议能够帮助企业在行业中脱颖而出。此外，投资人还能够为企业提供市场信息、合作伙伴等资源，帮助企业更好地适应市场变化。

2. 成功投资人的风格

成功的投资人不仅具备资金实力，还拥有敏锐的市场洞察力和战略眼光。他们在投资过程中通常表现出以下几个特点。

（1）深入了解行业和市场。

成功的投资人通常会对所处行业和市场进行深入了解和分析。他们通过研究市场趋势、竞争对手和客户需求等信息，为企业制定合理的发展战略。

（2）注重团队建设。

成功的投资人非常注重团队建设。他们认为，一个优秀的团队是企业的核心资产。因此，他们通常会选择具有丰富经验和优秀能力的团队进行投资，并在企业中发挥积极作用，帮助企业提升管理能力、研发能力和市场竞争力。

（3）关注企业长期发展。

成功的投资人通常关注企业的长期发展，而不是短期利润。他们认为，只有通过长期投资和企业发展才能够获得更大的回报。因此，他们在投资过程中会关注企业的战略规划、市场定位和发展潜力等因素，以制订长期的投资计划。

（4）善于沟通和协调。

成功的投资人通常善于沟通和协调。他们能够和企业建立良好的沟通和合作关系，帮助企业解决各种问题和困难。此外，他们还能够帮助企业和相关机构建立联系和合作，为企业创造更多的发展机会。

投资人与企业价值之间的关系是密不可分的。投资人通过资金投入和战略建议为企业提供支持和发展机会，帮助企业实现价值提升。成功的投资人不仅具备资金实力和市场洞察力，还注重团队建设、关注企业长期发展和善于沟通和协调。学习这些成功投资人的风格和经验，将有助于为企业创造更多的价值和机会。

二、媒体

媒体与公司，是共处共生的关系。一方面，媒体为企业提供宣传平台，公司可以利用媒体发布消息，宣传企业形象，推广新产品或服务，增强市场影响力。另一方面，媒体还会对企业进行监督。媒体通过报道企业的财务状况、经营情况、社会责任等，促使上市企业规范经营、遵守法规，同时也可以揭露企业存在的问题，促使企业改正错误，提高治理水平。

媒体与企业之间，既存在合作关系，又存在监督关系。媒体在促进企业发展、扩大影响力的同时，也扮演着监督企业的角色，两者相辅相成。

现在的媒体，除了电视台、报纸、杂志这些大众媒体，还有一些自媒体。企业要有专门的部门，比如公关部、市场部、品牌部，或者是办公室，不同公司有不同的部门，要有专人对接媒体，保持好关系。当资本运营时，也需要媒体的参与。

1. 信息披露的透明度和真实性

媒体和上市企业都需要遵守信息披露的相关规定和要求，保障信息的透明度和真实性。这种情况下，媒体需要发挥其监督作用，对不实信息进行揭露和纠正。

2. 媒体的过度监督和报道

媒体的监督作用是必要的，但过度监督和报道也可能给企业带来负面影响。一些媒体为了吸引眼球和点击率，可能会进行不实或夸大其词的报道，给上市企业带来不必要的压力和损失。因此，媒体在报道上市企业时需要遵循客观公正的原则，谨慎处理信息。

3. 媒体与企业面临的机遇

随着数字技术的不断发展，数字媒体已经成为上市企业宣传的重要渠道之一。数字媒体可以通过网络、社交媒体等渠道迅速传播信息，扩大企业的知名度和影响力。同时，数字媒体的个性化推荐算法还可以精准地对接用户需求，提高营销效果。

4. 跨界合作与创新

媒体与上市企业可以开展跨界合作与创新，共同探索新的商业模式和市场机会。例如，一些媒体可以与电商企业合作，推出自己的电商平台或是在线商城；一些企业可以与影视制作公司合作，打造属于自己的影视作品或是宣传片。这些跨界合作与创新可以为双方带来更多的机遇和收益。

三、分析师

分析师和企业，是一种互惠互利的关系。这种关系需要双方共同努力来维护，既要保证分析师的独立性和客观性，又要保证企业的透明度和信誉。只有这样，才能实现双方的共同发展，为金融市场的健康稳定做出贡献。

分析师的具体工作，一是指导战略决策，分析师可以通过分析公司的业务情况，提供数据支持，为公司制定或调整发展战略提供帮助。二是优化策略，通过数据分析回答业务运营中的问题，比如客户流程中的瓶颈、销售过程中的问题等，帮助公司提高生产效率。三是长期跟踪，像顾问一样给出建议。分析师还可以通过跟踪上市公司，影响其研发投入和创新产出，从而影响公司的长期发展。比如，分析师跟踪显著促进了我国上市公司的研发投入和创新产出，利用中介效应进行的影响机制分析表明，代理成本和融资约束均是分析师跟踪影响研发投入和创新产出的中介。

四、战略合作伙伴

提升市值，需要引入战略合作伙伴。战略伙伴关系可以帮助公司在许多方面产生积极影响，从而提升企业市值。一个好的战略伙伴应该具备互补的资源和能力，能够在某些关键领域提供支持，共同推动公司发展。公司应该与战略伙伴共同打造长期发展规划，明确合作目标，确保双方在合作过程中能够持续受益。

企业与战略伙伴的合作方式可以是多种多样的，具体有以下几种。

1. 技术支持的战略伙伴

企业可以依靠合作伙伴的技术实力，提升自身的技术水平，进一步巩固企业的市场地位。比如阿里巴巴与苏宁的战略合作，通过互相开放平台、共享物流和采购资源，双方都取得了巨大的商业成功。

2. 研发和创新的战略伙伴

要找到有市场竞争力的伙伴，成为战略伙伴关系，以满足客户需求并保持竞争优势。比如，腾讯与京东的战略合作，使腾讯的社交平台和京东的电商业务相互补充，提升了双方的企业市值。

3. 资源互补的战略伙伴

资源互补，共同开拓市场和资源，实现互利共赢的合作。比如玻璃公司和汽车公司合作，在合作过程中，不断提高玻璃制造技术，提高制造工艺，获得更多汽车的订单。

4. 金融相关的战略伙伴

如银行，可以从长期合作的银行，获得更大的授信、更简约的评估。而银行，也会主动寻求长期合作伙伴，给企业提供资金保障。

5. 咨询相关的战略伙伴

咨询是企业的外脑，企业在发展过程中，要与咨询公司达成战略合作关系，比如战略咨询、人力资源、财务咨询、营销咨询、广告咨询、生产咨询等。比如华为在初创时，就找到当时世界排名第一的咨询公司来合作，确保公司稳步发展。

五、监管机构

上市公司与监管机构之间的配合需要建立在诚信、透明、公正和规范的基础上，共同维护市场秩序和投资者利益。要想与监管机构保持健康的关系，必须实现公司运作的高度透明化，使用合法、合规、合理的方式进行资本运作，全方位配合监管机构的监管工作，保证资本市场的可持续发展。

上市公司与监管机构之间的配合包括以下几个方面。

第一，上市公司需要积极响应监管机构的要求，遵守相关法律法规和规范性文件，及时履行信息披露义务，并积极配合监管机构的检查和调查。确保上市公司遵守法律法规、保持透明度和诚信。

第二，监管机构则需要加强对上市公司的监督和管理，对上市公司的行为进行规范和引导，同时为上市公司提供必要的服务和支持。这些信息包括财务报表、业绩报告、重大事项等。监管机构会审查这些信息的准确性和完整性，并要求上市公司提供相关的解释和说明。这种监督可以确保投资者能够获得真实的信息，从而做出正确的投资决策。

第三，监管机构还会对上市公司的行为进行规范和管理。例如，他们会检查公司是否遵守反垄断法、环保法规等。此外，他们还会对公司的治理结构、内部控制等方面进行检查和评估。这种监管可以确保上市公司遵守法律法规，保护股东和其他利益相关者的权益。

这是提升市值的五种关系，每种关系都非常重要，都可以影响到市值管理。

第32节

资本未来发展的"五化"

资本未来十年会向哪里发展，可以从宏观角度做出判断。只有判断未来，才能驾驭现在。

资本的未来，大体可以总结为"五化"：数字化、智能化、全球化、跨文化、股财税法一体化（见图5-6）。

一、数字化

科技革命和产业变革在推进，世界上所有的经济发展，都受科技影响。资本也不例外，整个资本的交易、投资、融资、上市，都会数字化。从企业到个人，从投资人到融资人，资本涉及的所有角色，也将会数字化。资本实现数字化，已经成为一种必然趋势。

图 5-6　资本的未来

　　数字化有诸多好处。首先，数字化能够提高资本运作的效率，减少人力和物力的消耗，同时能够降低操作成本和风险。其次，结合人工智能、大数据等先进技术，对资本进行精细化管理和运营，提高运作效率和收益。最后，根据不同的应用场景，支付、投资、融资等工具都将以数字化为主，加快交易速度。

　　资本想要应用数字化，就要把信息转化为计算机能够处理的数字信息，通过数据分析和挖掘，优化业务流程。传统行业的业务和交易过程，同样转化为数字形式，以前的传统交易，需要经过多个中介机构进行结算和清算，而数字化技术，直接把过程简化，以数字形式直接传输，极大地缩短了交易时间。数字化还可以应用区块链技术，其去中心化特性，让整个交易记录不可篡改。交易不可改变，就可以保证数据的安全性、公正性和透明性。

二、智能化

　　资本如何应用智能化？主要是应用人工智能技术，也就是 AI 技术。通过人工智能、机器学习等技术，模拟人类的智能行为，使用自主优化等高级功能，实现自动化决策，提高企业的智能化水平。

运用大数据技术，实现对资本的精细化管理，帮助企业更好地预测市场趋势，优化资本结构，加强安全管理。

数字化是实现智能化的基础，智能化是数字化的应用。数字化强调数据应用，智能化强调技术创新。数字化是变革的初级阶段，智能化是变革的高级阶段。

三、全球化

资本全球化，是指各国资本不断跨越国界，在全球范围内寻求最高回报率和最低成本的过程。这些因素促进了国际资本的流动，使各国经济更加紧密地联系在一起。

资本将来的发展会更加国际化，而且受数字化和智能化的影响，全球化的实现将轻而易举。唯一的阻力是相关人士的手段的制裁。但任何制裁也阻止不了历史的进步，资本必将实现全球化。

实现全球化，需要三个条件。第一就是数字化。数字化是实现智能化的前提，智能化是实现全球化的前提。有了智能化手段，资本可以全球运作。

新航路的开辟和西方殖民主义贸易，为资本全球化提供了政治条件和物质基础，这是第二个条件。

世界贸易组织与区域经济集团等的迅猛发展，让资本走向全球化。这是全球化的第三个条件。当贸易壁垒降低时，国际间的贸易和投资活动将会更加频繁，从而促进资本全球化。当一国采取开放的投资政策时，外国资本可以更加便利地进入该国市场，从而加快资本全球化的进程。

例如，美元、欧元等主要货币的汇率波动会对国际资本流动产生重要影响，一些国家为了保护本国产业和就业，可能会采取一些保护主义政策，限制外国资本的流入，这将对资本全球化产生阻碍。要克服这些挑战和风险，需要各国政府和国际组织共同努力。通过贸易壁垒的降低、投资政策的开放以及货币金融的协同等途径，可以促进资本全球化的实现。然而，资本全球化也带来了一系列挑战和风险，需要各国政府和国际组织共同努力加以应对。未来的研究方向应关注资本全球化的动态变化、政策效应评估以及风险管理等方面，以更好地适应和引导资本全球化的健康发展。

四、跨文化

跨文化又叫交叉文化，是指具有两种不同文化背景的群体之间的交互作用。

跨文化是一种思维方式，亲戚之间有跨文化，企业之间有跨文化，行业与行业之间有跨文化，同样地，国家之间也有跨文化。

因为人的本质是流动的，交易是流动的，不同人群相互作用，包括合作、沟通、矛盾和冲突，会让文化互相渗透。双方出现合作，这本就是一种文化交流。双方发生矛盾和冲突，然后重新沟通，达成共识，这时文化又会互相渗透。

资本的运作载体，一是企业；二是相关组织；三是国家。在各种交易和贸易进行时，文化会通过相关人群进行交流，把文化渗透给对方。这些群体可能是国家、政府、民族，可能是企业、管理者、员工、消费者等。

在全球化的背景下，许多企业和组织都意识到了跨文化交流的重要性，因此他们通过各种教育和培训项目来提高员工的跨文化能力。通过投资、并购、教育和培训等方式，资本不仅促进了不同文化之间的交流和理解，也推动了不同文化的融合和发展。在这个全球化的世界中，我们应该充分发挥资本的积极作用，为推动跨文化的交流和发展贡献力量。

可以说，有交易就有跨文化，有思想交流就有跨文化，跨文化是未来趋势。资本的力量无处不在，文化的力量同样无处不在。资本会推动文化的融合，文化的流动也会加快资本的进程。

例如，中国的茶叶、丝绸等商品在欧洲备受欢迎，同时欧洲的工业品也在中国市场占有一定份额。这些服务项目在满足人们需求的同时，也传播了不同的文化传统和价值观。通过支持艺术家和文化团体的国际交流合作，可以促进世界各国人民之间的相互理解和友谊。它不仅可以促进国际间的经济合作，还可以推动社会文化的发展和进步。

五、股财税法一体化

股权、财务、税务和法律，必将四位一体，辅助资本的发展。

股权和财务都是公司运营中非常重要的元素，股权主要涉及公司的所有权，是公司股东的投资；而财务则涉及公司的资金管理、财务报表的记录和审计等方面，是公司资金流动和使用的记录和管理。

税务主要涉及公司应交的税款和税务申报等方面；而法律则维护社会的公平正义，保障公司、员工和消费者的合法权益。

这四者之间，既独立存在，又互相影响、互相制约。为企业的发展和决策提供了指导和保障。

股权是指股东对公司的所有权，是企业治理的基础。股权结构的不同会影响公司的治理结构和经营策略，进而影响企业的财务状况和税务筹划。同时，法律在股权的转让、稀释等方面也有具体规定，以确保公平公正的商业环境。

财务是指公司资金的流动和管理，包括资金的筹措、分配和运用。股权结构会影响企业的财务策略，如股权融资和债务融资的选择。此外，税务政策也会影响企业的财务决策，如税收优惠和财务报告的编制。而法律则规范了企业的财务管理，确保企业的财务行为符合公平、公正、透明的原则。

税务是指企业按照国家税法规定对政府履行的经济义务，包括纳税、免税、退税等。税务规划直接影响企业的盈利能力和市场竞争能力。同时，法律在税收的征收、管理、处罚等方面也有详细规定，以确保税收的公平性和合法性。

法律是企业经营的基础和保障，规定了商业活动中的权利和义务。法律在股权、财务和税务方面均有详细规定，保障了企业的正常运营和公平竞争。同时，法律也为企业提供了维权和保护企业声誉的途径，为企业的发展保驾护航。

每一个要素的升级，都会影响到其他三个要素的升级。例如，公司的股权结构可能会影响其财务状况，而公司的财务状况又可能会影响其税务缴纳情况。同时，法律和税务的规定也会对公司的股权和财务产生影响，比如税法的变化可能会影响公司的投资决策和股权结构等。因此，在公司的运营中，股权、财务、税务和法律之间需要相互协调，以实现资本稳定发展。

企业管理者应当充分理解并合理运用股权、财务、税务和法律，以便制定科学合理的企业发展策略。同时，在资本运作时，合伙团队必须有相应的专业人员，有股权配置专家、财务运作专家、税务筹划专家、法律专家，尤其是金融和国际法专家，这个团队也被称为"管理天团"。有了"管理天团"才可以应对未来的发展趋势。